D1572352

El LIBRO DE LAS RELACIONES

MIA ASTRAL

El LIBRO DE LAS

RELA CIO NES

UNA GUÍA PARA AMAR
SIN ENLOQUECER EN EL INTENTO

 Planeta

Obra editada en colaboración con Editorial Planeta - Colombia

©2017, Mia Astral

© 2017, Editorial Planeta Colombiana S.A – Bogotá, Colombia.

Derechos reservados

© 2018, Editorial Planeta Mexicana, S.A. de C.V.
Bajo el sello editorial PLANETA M.R.
Avenida Presidente Masarik núm. 111, Piso 2
Colonia Polanco V Sección
Delegación Miguel Hidalgo
C.P. 11560, Ciudad de México
www.planetadelibros.com.mx

Fotografía de cubierta: @ShutterStock
Diseño y diagramación: Departamento de diseño Grupo Planeta

Primera edición impresa en Colombia: agosto de 2017
ISBN: 978-958-42-6154-0

Primera edición impresa en México: enero de 2018
ISBN: 978-607-07-4600-0

Impreso en los talleres de Litográfica Ingramex, S.A. de C.V.
Centeno núm. 162, colonia Granjas Esmeralda, Ciudad de México
Impreso en México -*Printed in Mexico*

AGRADECIMIENTOS

Mis historias y las de mis mejores amigas están en este libro. Unos cuantos novios también. Agradezco infinitamente los espejos que sin saber escogí, espejos que ahora son conscientes y con los que evolucioné y sigo buscando crecer. El apoyo que he recibido, el amor que el Universo da de vuelta, la oportunidad de empezar a creer en el amor, de suavizarme y pensar que puedo hacerles sentir lo mismo, no sólo no tiene precio, sino que en realidad vale la pena y la gloria.

Amigas: ustedes saben quiénes son. La vida no sería la misma sin ustedes. A Isabel porque me enseñó a luchar. A Francesca por el apoyo incondicional. A María Claudia porque es ejemplo de que uno siempre puede reinventar su vida. A Alexandra por recordarme que la inocencia es parte importante para trabajar la valentía.

Gracias.

ESPEJITO, ESPEJITO
A modo de bienvenida

La creación de este libro ha sido un proceso largo, y no por el tiempo que me tomó escribirlo, sino porque cuando empecé a trabajarlo lo visualicé como un taller que mezclaba un poco de *Sex and the City* y espiritualidad, pues, como ya sabemos, trabajar en nosotros o en nuestro cuerpo espiritual no resta la importancia que le damos a las relaciones. Es más, las experiencias más importantes que nos acercarán a nuestra espiritualidad se dan (aunque a veces no lo agradezcamos en un primer momento) a través de relaciones. Pero después, cuando vi todo lo que había escrito y estaba tratando de meterlo en formato de libro, me di cuenta de que no sólo estaba pasando por la ruptura más fuerte que he tenido en mi vida, sino que ya había muchas cosas que no veía de la misma manera.

Mi vida, al momento de reformar el libro, estaba como para leer un libro así, y quise ponerle mucho amor, que me planteaba desde el dolor, para darle otra dimensión.

Las relaciones con otros son espejos de la que llevamos adentro, con nosotros mismos, muchas veces en piloto automático. No importa cuánto hayamos trabajado individualmente, será en las relaciones cercanas en las que tengamos que ponernos en práctica y ver qué tanto nos entendemos a nosotros mismos. Y, aun así, siempre hay lecciones nuevas, porque estamos hechos de capas. Las capas que mueve una persona en nosotros serán trabajadas para que después afloren otras que estaban más profundas, que con buena suerte serán movidas por la misma persona y si no, pues por otras. No podemos dejar de relacionarnos, y no lo digo como mandato, sino porque así estamos cableados internamente. Date cuenta de cómo desde que naciste lo hiciste en relación, y cómo todo lo lindo y no tan bueno que ha pasado en tu vida envuelve a otro(s) personaje(s). Nos necesitamos para conocernos internamente y crecer de maneras que a veces subestimamos, y desconocer ese crecimiento atrasa nuestra evolución como individuos y como colectivo. Entiende que al conectar y al hacerlo desde un lugar de honestidad y vulnerabilidad, sacamos la belleza que todos tenemos y luchamos por compartir.

También es importante que sepas que entre más podamos aprender de una relación, más toca los botones de "lo insostenible", las inseguridades más profundas, y que eso nos destruye… el ego, para poder amarnos con honestidad, a nosotros y después al otro que ha servido como catalizador. No siempre queremos seguir en una relación con quien ha despertado el cambio, la muerte de la vieja identidad o del anterior deseo, pero aunque esa persona con la que nos encontrábamos en relación ya no está, ahora tendremos una relación con la situación que inequívocamente nos llevará a nosotros mismos.

Sabotear nuestras relaciones siempre es una vía de salida, pero una vez que cerramos esa puerta, estaremos ansiosos por volver a abrirla, así que está bueno reconocer los patrones de saboteo, la ruptura de las expectativas, de "lo que había esperado para mí" y distinguir entre el trabajo que vale la pena y la lección que ya se dio.

Aparte de todo esto, es importante asumir una posición frente a los otros. Cuando hablamos de relaciones y queremos mejorarlas, pensamos mucho en lo que necesitamos, y eso está bien, pero no podemos olvidar que somos parte de las alegrías y tristezas de otros, que nosotros también les sucedemos a ellos, y que debemos cuidar ese lugar especial aun cuando no entendamos a la perfección cuál es el patrón que están trabajando en nuestro interior. Con saber que sí han enganchado, porque son espejo, y que podemos ayudarnos a sanar mutuamente, es suficiente, pues eso cambiará por completo el marco mental con el que vemos la relación e incluso una situación específica.

Es por todo esto, y por las ganas de compartir como no lo había hecho antes, que te dejo un libro de amor, rupturas, cachar patrones, reenamorarte de ti mismo, con los cuentos de unas amigas, lo que nos pasa a todos, cómo nos superamos, cómo nos reímos, cómo sanamos desde un lugar común. Todos hemos y seguiremos pasando por esto, pero al trabajar consciencia, podremos disfrutar el proceso, crear y mantener mejores relaciones y enseñar a través del ejemplo a los demás, para que se convierta en un gran despertar colectivo a la energía más fuerte del Universo, que siempre está disponible para nosotros: el amor.

LO QUE ENCONTRARÁS EN ESTE LIBRO

La mayoría de ustedes ya me conoce y sabe que soy astróloga y *coach*. Pero por si acaso eres nuev@… ¡Hola! Soy una abogada que amaba la astrología, estudió el tema y finalmente, después de varias pruebas al ego, la practica. Al darme cuenta de que hacía falta más que una lectura de carta astral para aplicar la energía disponible de las estrellas, me certifiqué en *coaching* para cambio de conductas y luego en nutrición. No hay mejor curso para ser la máster en relaciones que la vida y bueno…, relacionarse. Muchos de mis horóscopos y tránsitos los explico a través de experiencias reales que hacen más fácil el entendimiento de patrones energéticos complejos, en los que tienes que recordar fechas pasadas y otros detalles.

De igual forma encontrarás que este libro es muy didáctico. Tiene lecciones de astrología, ejercicios de *coaching*, música e historias de la vida real con las que seguramente te identificarás. Si ya me has leído sabes que uso las experiencias de personajes reales y sus emplazamientos astrológicos para hablar sobre temas comunes y tomarlos como un espejo que nos permita conocernos mejor a nosotros mismos, entender cómo funcionamos y por qué repetimos los mismos patrones en las relaciones.

En aras de hacer mejor el trabajo uso muchos recursos: la música es fundamental. Siempre que hay alineaciones importantes hago listas de canciones, porque lo que cuesta entender con orbes y grados, se comprende muy bien si se siente el ritmo de una canción. Es muy fácil acordarnos de la canción que estaba de moda cuando terminamos con Juan o la frase *punch* que usábamos como mantra para superar la discusión con el jefe… ¿cierto? Uso canciones porque la música nos inspira, y las buenas letras funcionan como mantras y meditaciones activas. También hay referencias a artistas importantes para mí así como a sus cartas astrales, porque así es como uno aprende astrología. Además, esto da sazón a la historia detrás de la historia, le da *feeling*.

Este libro será sumamente valioso para las personas que están iniciando una relación o que quieren reiniciar una relación. Más allá de las tendencias astrológicas de un momento determinado, lo que encuentro es que tenemos la mejor energía disponible de las estrellas para iniciar este proceso de reconocimiento, de entender quiénes somos, qué deseamos, y así poder compartirlo con otro.

Cuando no hemos aprendido a darnos nosotros mismos lo que necesitamos, se lo reclamamos a los demás. Y mientras no entendamos quiénes somos, no haremos otra cosa que proyectar nuestros miedos en los demás y entablar relaciones que creemos que son con un otro, pero en verdad son con las expectativas que tenemos de él o de ella.

Este libro te ayudará a replantearte cómo te has relacionado contigo mismo y con otros en tu vida. Entenderás que hay un crecimiento que podemos lograr por nuestra cuenta, pero que las lecciones más grandes y valiosas las aprendemos cuando nos relacionamos con otros y explotamos un potencial interno que desconocemos y que está esperando ser compartido con el mundo.

Antes de iniciar, quiero aclarar que esta obra aún no está terminada. Sólo lo estará cuando tú la leas y completes los ejercicios que te propongo y que podrás descargar gratuitamente en mi página siguiendo estas breves instrucciones:

1. Visita www.miastral.com.

2. Haz clic en "Store".

3. Ve a la categoría "Libros".

4. Selecciona *El libro de las relaciones*.

5. Ingresa el código **#R3LACIONES.**

6. Descarga el PDF con los ejercicios para cada capítulo ¡y listo!

Verás, así como tú eres coautor o coautora de tu vida y tu destino, eres también coautor o coautora de este libro. Espero que disfrutes el recorrido y que sientas que leer estas páginas es como conversar con esa mejor amiga que siempre tiene una palabra de aliento y una risa pícara de entendimiento.

-CAPÍTULO 1-

EL QUE HACE EL *SHOW*, RECOGE LAS SILLAS

Lo que nos dispara, lo que nos calma

Playlist sugerido:
Let It Happen (Deja que suceda),
página: 234

En estos días estaba hablando con mi chico y me dijo: "mira, sería más fácil si me das un manual de lo que te molesta y lo que no te molesta".

Vamos a contextualizar: a él le gusta darle muchas vueltas a las cosas –su Mercurio en Acuario (simplificar información para buscar soluciones) es un problema, en serio, lo digo en buena onda–. Entonces continúa: "a mí me molesta cuando pasan este tipo de cosas", haciendo referencia a algo que tenía que ver conmigo o con su rutina diaria, a lo que yo le respondo: "te lo pongo de esta forma: si yo estoy bien, todo está bien". Cuando yo estoy de buen humor y hay situaciones de reto que pasan en el trabajo, alguien no hizo su parte, se inundó el baño o pasó algo, lo manejo bien; cuando yo estoy internamente mal, hasta un saludo me molesta. Entonces me digo: "mi trabajo es mantenerme bien, encontrar un balance porque todo no puede ser tan blanco o negro". Él me empieza a hablar de eso mismo –porque es un tema que le encanta–: "todo lo tuyo es blanco o negro, no hay grises de intermedio, vamos a tomarlo con calma".

IDENTIFICA TU PATRÓN DE PELEA Y QUÉ LO DISPARA

Después de un tiempo fuimos juntos a un evento de Anthony Robbins[*], y uno de los ejercicios se enfocaba en este tema: "lo que te dispara o no te

---

[*] Anthony Robbins es un *coach* y escritor norteamericano dedicado a la autoayuda y a la programación neurolingüística.

dispara los patrones de conducta que ya están creando una realidad que no te gusta". La experiencia fue bastante interesante, porque me di cuenta de que en lo que conversaba antes con mi chico había un patrón de lo que me dispara y lo que no me dispara; que el patrón está dentro de mí: pienso que todo es blanco o negro y sigo guardando muchas expectativas en lugar de tener agradecimiento, enfocarme en el presente, cacharme cuando ya estoy de mal humor y darme tiempo para respirar, transformar la molestia en despertar y así sacar luz de la oscuridad (sé que tengo el poder de estimular un mejor estado en mí).

Desde la *coach* que soy y que trabaja el tema de patrones y desde mi experiencia como ser humano que ha estudiado lo que necesitaba para sanar, te puedo explicar que todos tenemos un patrón en piloto automático que nos dispara una tendencia reactiva, y que lo mejor que podemos hacer para cambiarlo es, inicialmente, seguirle la pista.

¿Cómo así? Como el gato al ratón, al patrón hay que seguirlo: en el instante en que tú te veas ya molesto, reactivo, ansioso o fuera de ti y del momento presente, te vas a decir: "ok, vamos a hacer una seguidilla… ¿qué me trajo a este punto?".

Puedes incluso ir paso a paso en retroceso hasta que des con el momento en el que te "perdiste" y te fuiste de vuelta a quien eras antes de tanto estudio, trabajo interno y esfuerzo hecho en aras de tu crecimiento personal.

Y de una vez te digo… perdónate, eso pasa. Tenemos la tendencia a usar lo que hemos aprendido cuando estamos en "control" porque continuamos a nivel mental, pero lo que aprendemos debe elevarse a nivel de consciencia y esto sólo sucede cuando nos vemos cayendo de nuevo, es ahí cuando lo entendemos, nos entendemos, nos perdonamos y, con ojos (del corazón) más abiertos, asumimos responsabilidad y avanzamos.

Cuando estaba trabajando con las niñas con desórdenes alimenticios que llegaban al punto de comer y querer vomitar, les preguntaba: "¿qué te llevó al pastel de manzana y qué pasó antes de verlo en la nevera?, ¿y qué pasó ese día, y qué pasó el día anterior?".

Por ejemplo, el día de Acción de Gracias es un día de estudio de patrones increíble. Hay comida involucrada y está presente el tema de las relaciones con la familia, entonces empiezan a aflorar los patrones que sientes que no puedes parar. Ahí es que dices: "ya va, échame el cuento de cómo pasó todo. ¡Ajá! Viste la tarta de manzana y ¿qué pasó antes y mientras te la comiste?, ¿y por qué no paraste?, ¿qué pasó por tu cabeza?".

Además, el ejemplo de una festividad como Acción de Gracias es genial, porque, como indica el fenómeno de la "regresión", por mucho que hayamos avanzado en el terreno del trabajo interno, cuando volvemos a lugares o personas de nuestro pasado se abren puertas que creíamos cerradas y descubrimos que aún hay muchas emociones que debemos hacer conscientes y ver con nuevos ojos para trabajarlas a otro nivel.

Entonces, así como le hacemos seguidilla al pastel de manzana (que nunca se trata de lo que tú crees que se trata), así mismo seguimos otras historias de reactividad para encontrar que tenemos un patrón para todo. Puede que sientas que este trabajo es demasiado meticuloso y que toma mucho tiempo y energía, pero te ayudará increíblemente a saber qué te dispara cuando estás ansioso por llamar a Juan o Elena y cantarle todas las verdades. Además tú mereces el esfuerzo y notarás que este trabajo se irá volviendo más fácil poco a poco.

Puede que al principio sólo llegues a hacer la seguidilla hasta un paso atrás del momento que te disparó, pero con paciencia y perseverancia vas a llegar más atrás y te vas a conocer mucho mejor. Entonces, cuando estés dos pasos más atrás y te encuentres a punto de reaccionar como normalmente lo harías, dirás: "ya va, voy a cambiar mi estado emocional, voy a traerme al presente con este ejercicio y ya regreso", o harás lo que sea necesario para detener el patrón y así empezar a crear uno nuevo.

IDENTIFICA LO QUE PUEDES HACER PARA CALMARTE

Así como tenemos un patrón para ponernos reactivos, tenemos un patrón para calmarnos. A mí me calma mucho hacer ejercicio. Lógicamente, si estoy en una reunión con la abogada y me dicen algo que me da la sensación de que se me está cayendo el piso, no puedo decirle: "mira, ya vengo, me voy al gimnasio que queda a 45 minutos y vuelvo", ¡no puedo! Pero si estoy al tanto de que puedo hacerlo, voy, camino, corro y vuelvo, después empiezo a pensar completamente diferente.

En situaciones en las que no puedo irme, pido un momento, respiro, me centro. Pido cinco minutos, voy al baño, si hay uno disponible, y me traigo al presente con el ejercicio "observa, describe y participa", que siempre funciona: describo el lugar donde estoy, qué tengo puesto, el color del piso, cómo se siente la tela de mi falda y así. Este ejercicio es muy conocido para calmar ansiedades, y, combinado con respiración profunda, nos recuerda que lo único que existe es el momento presente.

El poder que tienes sólo puede ser usado en el ahora, y aunque estés en un momento en el que debas de alguna manera "pagar" por una mala situación o decisión tomada en el pasado, mientras más calmada y centrada en el presente estés, mejor será tu capacidad de respuesta y de asumir responsabilidad ("habilidad para responder"). Y aunque suene loco –porque yo lo he hecho y sé que nadie te dirá que no– sé honesta y pide un segundo para ir al baño o para procesar. Siempre lo digo: "la pausa entre el estímulo (disparador) y la reacción puede salvar una relación".

Las personas que me conocen y que trabajan conmigo lo saben: a veces digo: "ya va, dame un minuto, déjame respirar porque no lo estoy procesando bien", o si estoy en WhatsApp hablando con el equipo les digo: "ya va, denme un segundo para responder cuando esté más calmada, porque en este momento no lo voy a hacer de la mejor manera".

Cada quien encuentra su estilo dependiendo del patrón que quiere cambiar. Es algo que vas a identificar rápidamente cuando te des el tiempo y la atención de hacer este ejercicio o cualquier otro que te traiga al presente. Poco a poco desarrollarás la capacidad de observar tu mente e irla entrenando para que sea un instrumento que uses a tu favor y no sea ella quien te use a ti; porque si nos ponemos a ver, tú no eres sólo lo que piensas, eres mucho más. Tampoco eres sólo lo que sientes, de hecho, lo que sientes es como una ola en un inmenso mar. Entonces entiendes que así como haces una lista detallada de tu patrón de reactividad, puedes hacer otra para empezar a reconocer qué cosas te calman.

Algunos ejercicios
para calmarte y revitalizarte

Ejercicios de respiración hay miles. Sólo con buscarlos en internet tendrás para escoger. Pero la idea también es no abrumarte con más información, porque tener demasiada te desvía del verdadero trabajo que estás haciendo internamente.

Para mí, uno que en efecto funciona es hacer ocho respiraciones profundas cerrando una fosa nasal, luego hacer lo mismo del otro lado, y terminar con ocho respiraciones profundas simples, con los ojos cerrados.

Aparte de la respiración, te cuento también de un ejercicio que compartí en mi libro *Rompiendo patrones* (www.miastral.com), que como tal es bastante "uraniano", un ejercicio raro, diferente pero liberador, y lo mejor es que funciona. Se trata de meter la cara en un balde de agua con hielo. Entiendo que tampoco puedes parar una negociación de contrato y buscar un balde y hielo en medio de una torre de oficinas, pero el cambio de temperatura es posible si nos excusamos para ir al baño y nos echamos agua fría en la cara o dejamos las manos unos segundos entre agua con una temperatura baja.

RECONOCE QUÉ QUIERES EN UNA RELACIÓN

Ahora, es importante reconocer qué quieres de una relación. Muchas veces empezamos a crear vínculos sin habernos hecho la pregunta: "¿qué quiero yo de esta relación?". No se trata de tener agenda y ver qué provecho sacamos del otro o de la relación, sino de reconocer el estado en el que estamos, entender que uno atrae lo que es, no lo que será, y que si alguien nos llama la atención, seguramente es porque tenemos patrones similares para trabajar, que es nuestro espejo y, por eso, está bueno hacernos un "chequeo" de manera consciente antes de iniciar la relación.

Quien reacciona pierde el derecho a exponer su punto de una manera respetable, que lleve a una posible negociación y entendimiento, y tendrá que asumir las consecuencias de ello.

La otra cosa es entender la diferencia entre querer una pareja y querer una relación. Muchas personas quieren una pareja porque sienten que les hace falta alguien para ciertas cosas o porque no quieren estar solos. Querer iniciar y trabajar de manera proactiva por una relación, implica respetar la individualidad del otro y tener claro que ambos queremos crear algo juntos. Para poder hacerlo hay que estar conscientes de que no se trata de necesitar a alguien, sino del deseo de compartir con alguien y, para que eso sea posible, yo como individuo debo saber satisfacer mis necesidades básicas, para no poner en el otro la responsabilidad de "llenarme".

Al atender mis necesidades, puedo elegir estar con el otro y crear a su lado, en vez de tener una relación con mis expectativas, donde el otro y sus necesidades muchas veces no tienen cabida (esto, además, es una forma de egoísmo).

ANTE TODO, DIGNIDAD

Esto te va a parecer cómico, pero reírte también es parte del aprendizaje. Como persona rehabilitada de patrones de reactividad, como mujer, humana, amiga (quizá virtual), déjame decirte algo: el que arma el *show*, recoge las sillas. Dicho de otra manera, quien reacciona pierde el derecho a exponer su punto de una manera respetable, que lleve a una posible negociación y entendimiento, y tendrá que asumir las consecuencias de ello.

Y no, tampoco se trata de que no hagas nada y te quedes callad@ después de enterarte de que tu pareja ha hecho algo que te parece irrespetuoso, por ejemplo. Se trata, más bien, de que entiendas que cuando algo así sucede, hay dos cosas importantísimas para tener en cuenta:

1. Tus ganas de dejarle saber al otro que tú sabes lo que pasó, y de reaccionar porque no quieres que te vean la cara de "tont@", es ego. Si en efecto tu pareja ha hecho algo irrespetuoso, está perdiendo la oportunidad de crear algo lindo contigo, y como tú sabes quién eres y cuánto vales, pues el tema más bien será observar qué debes aprender tú de la situación, de tu valoración personal y del porqué iniciaste una relación con alguien que tiene un nivel de consciencia que acepta ese tipo de comportamientos.

2. Cuando estás en circunstancias difíciles hay disparadores de situaciones antiguas que quizá vienen contigo desde la niñez. Pero recuerda: estás aquí y ahora, estás a salvo, has hecho mucho trabajo interno. Lo que sientes está llamando tu atención sobre inseguridades que debes trabajar dentro de ti. Lastimosamente, tu pareja y su comportamiento son disparadores, pero no responsables de cómo manejas tus estados internos.

Además, debes saber que una situación que nos dispara tiene el potencial de despertarnos y llevarnos aún más profundo en el proceso interior o de arrastrarnos aún más a la inconsciencia si dejamos que se active el piloto automático, es decir, el patrón. Ya en este punto sabes bien que es más adulto, responsable y mejor para ti y tu bienestar parar y respirar: hacerle la seguidilla al patrón. Con las emociones a millón no estás viendo bien, ni a ti mismo, ni tu valor y mucho menos a la situación. Entiende que si hablas en ese estado vas a crear separación, y yo te aseguro que lo que más quieres en ese tipo de situaciones es entendimiento y cercanía. Para eso tienes que hablar con propiedad, algo que sólo sucede cuando te has aclarado adentro para poder medir tus palabras, para elegir el lenguaje que funcione a la hora de conversar con el otro.

Esto de centrarnos no se trata de algo que viene con la edad, se trata de madurez emocional. Cada vez que reaccionas creas separación, y no sólo con la persona con quien tienes una relación que te interesa… aún peor, te distancias de ti, del trabajo que has hecho, de tu potencial, de ver tu valor, de entender que tienes tu lugar, cosas que no implican la mirada o el comportamiento de alguien más, sino la manera en la que tú te manejas en tu mundo (emocional).

Para reconocer qué origina tus patrones de reactividad, seguirles la pista y calmarte cuando aparecen, visita **www.miastral.com** y descarga gratuitamente los ejercicios correspondientes a este capítulo (ver instrucciones en la página 16).

Bendice la MOLESTIA que te lleva A TU certeza.

-CAPÍTULO 2-

MY MOON, MY MAN

Prioridades, prioridades, prioridades

Playlist sugerido:
Full Moon Madness (Locura de luna llena),
página: 235

Feist escribió la canción *My Moon, My Man*
(*Mi Luna, mi hombre*) en 2007. Al ser acuariana con
Venus en Capricornio, ella siempre nos da canciones
bastante sobrias y llenas de dignidad,
incluso para el amor.

Las acuarianas no son de echarse a morir por amor (aunque Shakira mostró lo contrario, pero es su ascendente en Escorpio), y menos si tienen a Venus en Capricornio. Feist sería una amiga que nos diría "¡dignidad!" ante cualquier signo de caída en una relación. Pero… también es mujer y, como nos ha pasado a todas, tarde o temprano cayó perdidamente enamorada, y presiento que recurrió a la astrología para entender qué pasaba (su Mercurio, también en Capricornio, puede ser muy incrédulo).

Explico: en la astrología de venta –es decir, la que usan para dar miedo y vender– el amor está regido por Venus. Este planeta en verdad rige el deseo, y puede que lleguemos a desarrollar emociones por lo que deseamos, por conseguirlo y disfrutarlo, porque sin duda la satisfacción es un tema muy venusino. Pero en realidad, en la astrología aplicada (y si de verdad quieres usarla para mejorar tu vida) es la Luna la que nos explica el amor, nuestros patrones amorosos y por qué repetimos una y otra vez la interacción de mamá y papá.

La Luna representa a la madre. La primera relación que tuviste en tu vida fue con tu mamá (o con la figura materna), y estuvo enfocada en cubrir tus necesidades. Si no fue una buena relación, si hubo separación, o si la relación fue buena pero nunca te enseñó a identificar tus necesidades y a satisfacerlas, buscarás a mamá en todos los lugares incorrectos siendo ya una persona hecha y derecha.

Al estudiar tu emplazamiento lunar por signo, fase, casa astral y alineaciones, verás bastante bien cómo cubres tus necesidades (o no), qué cubres tú pero disfrutas en conjunto, si te gusta cubrir las necesidades de otro y, lo más importante, el gran dilema: si aún confundes necesidad con deseo, es decir, la Luna con Venus. Hay muchas personas que al no tener claro esto, piensan que necesitan a alguien, cuando realmente necesitan descansar, comer bien y cambiar de perspectiva.

No *necesitamos* a otro si ya estamos grandes, más bien *deseamos* estar y compartir con otro. No saberlo ha creado canciones maravillosas, pero saberlo nos coloca como a Feist en un estado de observación que sí depende de nuestra Luna; escogemos a esa persona para luego despertar, establecer sanos límites personales y, finalmente, poder disfrutar.

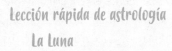

Lección rápida de astrología
La Luna

En *coaching* la Luna implica el estudio de las necesidades básicas del ser humano, y antes de empezar a trabajar con Venus (lo que deseamos, lo que nos hace deseables, el nivel de atracción) tenemos que estudiar nuestra Luna natal.

Si la Luna representa la relación con la madre, estudiarla nos enseña de qué manera podemos nosotros mismos ser nuestra propia madre, satisfacer nuestras necesidades y empezar a relacionarnos como seres "completos".

Así podremos saltar a la energía de Venus y disfrutar al otro en vez de pedirle, exigirle o sentir que sin él o ella no podemos vivir. La Luna representa entonces la base del amor propio, sobre la cual Venus va a sembrar flores para crear un jardín donde tú vas a querer venir a jugar.

LAS SEIS NECESIDADES BÁSICAS

Cuando entendí que la Luna es primordial, hice un curso con Anthony Robbins. En aquel momento estaba abriéndome a la posibilidad de tener una relación, así que iba al curso con la pregunta: "¿qué quiero de una relación?". Llevaba mucho tiempo trabajando mi Luna en Piscis y su tensión a mi Sol en Sagitario en la zona profesional. Ya tenía bastante identificado que por poner mi trabajo (Sol en el medio cielo) por delante tantos años, no había tenido una relación que me hiciera sentir lo suficientemente cómoda como para mostrar mi lado más dulce. A ver... ni yo me lo permitía. Fue allí, en el curso, donde entendí que por más que ya supiera (ay, Mercurio) lo que estaba pasando, también debía vivir un cambio de orden en mis necesidades para que se manifestara la respuesta a mi pregunta. Esto se pone interesante, así que voy a ir por partes.

Según Anthony Robbins, cada ser humano tiene seis necesidades básicas que ordena de la más a la menos importante, dependiendo de lo que quiera lograr.

Estas son:

1. Certeza y seguridad

2. Variedad

3. Amor y conexión

4. Sentirse importante

5. Crecimiento personal

6. Aportar al colectivo

Te explico un poco sobre cada una…

1. Certeza y seguridad

Esta necesidad se apoya en el instinto de supervivencia, busca la seguridad física y mental evitando el dolor, buscando el placer, creando una zona de confort donde seamos felices y prácticamente no exista el estrés. La rutina, comida, costumbres, control, coherencia son los medios que se reafirman en esta necesidad.

2. Variedad

Haciendo honor a su nombre, la variedad es la necesidad que le da sabor a nuestra vida. Se apoya en lo inesperado, la excitación de un reto, la novedad y lo poco planeado, en algunas ocasiones. Para satisfacer la necesidad de variedad buscamos nuevas relaciones, experiencias con amigos, momentos de esparcimiento, nuevos retos y aprender algo nuevo.

3. Amor y conexión

Esta necesidad, tarde o temprano, la queremos satisfacer todas las personas, pues la necesidad de amor es natural y además fisiológica. Para colmarla buscamos relacionarnos, nos volvemos más espirituales, trabajamos nuestras emociones y abrimos nuestro ser a dar y recibir.

4. Sentirse importante

Todos le buscamos un sentido a nuestra existencia, y en ese viaje esperamos sentirnos importantes, necesitad@s, únic@s y especiales. Además queremos marcar la diferencia explotando nuestros dones. Para satisfacer esta necesidad solemos estudiar y especializarnos, siempre estar actualizad@s, buscamos innovar (marcar la pauta), ser voluntari@s, desarrollar nuevas capacidades y enseñar.

5. Crecimiento personal

En estos tiempos lo que no crece no existe. Desarrollarnos es la manera de sentirnos vivos, y a eso hace referencia esta necesidad: a la constante búsqueda de superación/maestría del ser, sin buscar algún tipo de reconocimiento.

6. **Aporte al colectivo**

Esta es la necesidad más elevada, pues permite satisfacerlas todas. Cuando aportamos al colectivo, obtenemos seguridad, nos sentimos importantes y al mismo tiempo crecemos. Además damos desde un lugar de integridad que sin duda inyecta variedad a nuestras vidas.

El orden de estas seis necesidades puede ser muy diferente de una persona a otra. La manera en que tú las organizas no siempre es consciente, pero esta jerarquía cumple un fin. Tal como lo conté antes, esto lo aprendí en una etapa de mi vida en la que ya quería más amor, pero lo que más tenía y seguía creciendo eran oportunidades de trabajo. Por más que sabía que quería una relación, yo no había cambiado el orden de mis necesidades.

Lo sepas o no, todos los días haces cosas para defender tu necesidad principal como si fueras una madre (*hello*, Lunita). Aunque hasta el momento en el que tomé el curso yo no sabía que mi necesidad principal era sentirme importante (mi Sol dándole muy duro a mi Luna), igual eso era lo que yo alimentaba todos los días (ajá, la Luna también rige la alimentación a todo nivel). Entonces, al darme cuenta de que mi necesidad principal era esa, entendí que aquello chocaba un poco con la conexión que pedía, pues seguía bloqueando o dejando para después cubrir mi necesidad de amor.

Resulta que justamente la necesidad de sentirse importante anula la de amor y conexión. Si quiero ser la mejor, la que hace más, la más destacada, ¿cuándo tomo en realidad en cuenta a los otros?, ¿cuándo los dejo brillar? Y esto no quiere decir que no me haya servido o que no tuvo utilidad tener esa prioridad, la tuvo, pero cuando se quiere otra cosa la programación interna debe cambiar y debemos reordenar las necesidades para cumplirnos todos los días como una madre lo haría para cubrir lo que el alma nos pide ahora.

Otras necesidades que se anulan la una a la otra son la de variedad y certeza. Explico: si mi prioridad es tener certeza, en mi relación va a faltar un poco de variedad. Al priorizar la certeza voy a meterme en una rutina, y mi pareja podría decirme: "pero ajá, estamos haciendo siempre lo mismo, estoy aburrid@". Por el contrario, el crecimiento personal ayuda al colectivo y viceversa. La mayoría de los seres trabaja casi siempre con las cuatro primeras necesidades, pues las dos últimas (crecimiento personal y aportar al colectivo) pertenecen al alma y hay que estar un poquito más preparad@ a nivel de consciencia para trabajar con ellas.

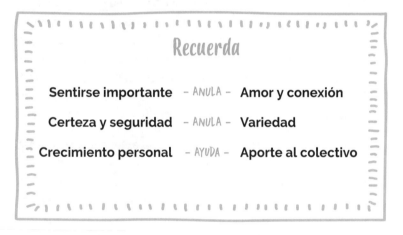

Recuerda

Sentirse importante   – ANULA –   **Amor y conexión**

Certeza y seguridad   – ANULA –   **Variedad**

Crecimiento personal   – AYUDA –   **Aporte al colectivo**

IDENTIFICA TU PIRÁMIDE

Es muy importante que sepas cuál es la necesidad a la que estás dando prioridad y que identifiques cómo puedes satisfacerla tú mism@ para no exigirle a otros que lo hagan por ti. También observa si la realidad que quieres manifestar va acorde con tu pirámide de necesidades básicas. Recuerda que a donde va nuestra atención hay manifestación, y a donde va nuestra atención es donde más cosas están pasando en nuestra vida. Para bien o para mal, eso depende de la estructura o de la visión que tengamos, por eso es fundamental que te des cuenta de que si la necesidad básica a la que le estás dando prioridad es sentirte importante, quizá te estás metiendo en una relación para que él o ella te haga sentir importante, y yo creo que al trabajar por o en una relación tienes que empezar a darle prioridad a la necesidad de amor y conexión que ¿empieza con quién?: con uno mismo.

Cuando yo asistí al curso de Anthony Robbins, me di cuenta de que, durante los últimos cuatro años, para mí lo fundamental había sido sentirme importante y tener certeza, y eso me había costado una relación. (Ver el siguiente recuadro). Aunque no estoy arrepentida de haberla terminado, en ese momento entendí cómo me había afectado el orden de mis necesidades y me hizo preguntarme cuáles eran las necesidades que debía llenar desde ahora. Entonces me dije: "bueno, amor y variedad: quiero viajar, pasar más tiempo con mi pareja… o sea, lo más importante para mí ahora es mi vida personal".

La relación que terminó fue con alguien que tiene la Luna en Tauro. No sólo su Luna en Tauro daba estabilidad a mi Luna en Piscis, sino que la manera de amar de él –llamémoslo El Extranjero– era justo lo que yo necesitaba. Las personas con Luna en Tauro demuestran amor dándole placer a tus cinco sentidos. Y no, no me voy a poner *HOT* acá, pero lo comparto para decir que a pesar de que la relación estaba destinada al fracaso, porque jamás me abrí de verdad, fue gracias a su manera de amar y a su Luna natal que pude superar la anorexia nerviosa con mucha paciencia y ganando un acercamiento diferente a la comida.

Cuento esto para que entiendas que de manera intuitiva nos relacionamos con personas que nos ayudan a sanar temas lunares si estamos estancados en ellos. Personas cuya interacción nos hará ver (si queremos) cómo y cuánto estamos fallando en cuidar nuestras necesidades. Y esto pasa hasta con amigos, así que ten la voluntad de ver lo que tus relaciones cercanas te quieren enseñar. El mundo es un salón de clases y las relaciones que eliges siempre te ayudan a sanar internamente. Por eso, aunque al final no resulten como esperabas, hay una lección de luz en la relación con cada persona, porque sus emplazamientos astrales son tal y como tú los necesitabas en determinado momento.

Practiquemos...

1. Observa las siguientes pirámides de necesidades básicas e identifica cuál es la tuya. Hay miles de variantes. Si la tuya no está (porque sólo tengo acá las más comunes), créala. Ya tienes la información que necesitas.

» Reconoce cuál es tu orden y si te funciona

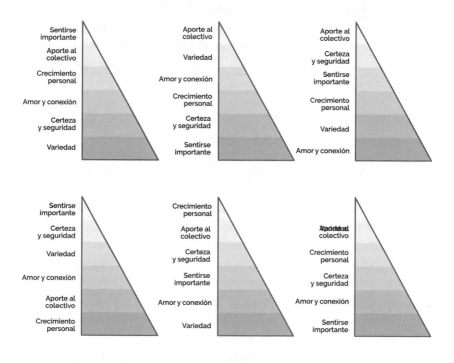

2. Ensaya observando las necesidades de la gente que quieres. Yo lo hice e inmediatamente caché cuál era la necesidad principal de cada una de mis amigas. Era fácil hacerlo teniendo esta información, escuchándolas, viendo cómo manejan las situaciones de su vida y, sobre todo, observando las cosas que manifiestan en su realidad.

3. Si estás solter@, arma la pirámide de la persona con la que te gustaría compartir. Hacerlo te ayudará cuando conozcas a alguien y te des cuenta de que, por muy bell@ que sea, si su necesidad principal es va-

riedad y se queda dos días por ciudad, y tú quieres seguridad, pues no te conviene. Por ejemplo, si mi necesidad principal es certeza, voy a ir bien con alguien que tenga como prioridad amor y conexión, y lógicamente voy a chocar con alguien que tenga como prioridad la variedad. Pero si la persona tiene la necesidad de variedad de número tres, hasta de pronto me ayuda a sazonar un poco mi vida y a ser más flexible en mis estructuras. Arma la pirámide de tu compañer@ ideal pensando en este tipo de cosas.

Lección rápida de astrología
Dime dónde está tu Luna y te diré qué necesitas

ARIES	La necesidad de sentirse importante a través de la acción.
TAURO	La necesidad de certeza a través de la seguridad personal.
GÉMINIS	La necesidad de variedad a través de la estimulación mental.
CÁNCER	La necesidad de amor y conexión a través de lo familiar.
LEO	La necesidad de sentirse importante a través de la admiración.
VIRGO	La necesidad de certeza a través de la organización.
LIBRA	La necesidad de amor y conexión a través de sus relaciones.
ESCORPIO	La necesidad de crecimiento a través de la transformación.
SAGITARIO	La necesidad de aportar al colectivo a través del crecimiento personal.
CAPRICORNIO	La necesidad de crecimiento personal.
ACUARIO	La necesidad de aportar al colectivo.
PISCIS	Las necesidades de certeza y amor y conexión a través de aportar al colectivo.

Ten en cuenta que la tabla anterior es sólo una guía. Es importante entender las conexiones lunares, pues algunas cuadraturas a tu Luna pueden presionarla, pero tampoco podemos ir por la vida investigando cuál es la

Luna natal de alguien para juzgarl@ con base en eso. Estamos guiados por lo divino para conectar con personas que nos van a enseñar por afinidad o contraste cómo alimentarnos pero para reconocer la lección puede serte útil este conocimiento.

Te cuento el caso de una de mis mejores amigas, quien, al mudarse de su país natal, conectó con un chico Capricornio con Luna en Cáncer. La Luna del chico –que, como sabemos, representa lo que entiende por amor lo que nutre, que recibe y da– fue ideal para el periodo de transición por el que ella estaba pasando mientras buscaba hogar lejos del hogar. A través de él y su *network* ella encontró trabajo, y duraron casi el mismo tiempo que a ella le tomó asentarse y superar la melancolía de dejar a su familia.

Un caso más es el de otra de mis mejores amigas, llamémosla Chloe, quien tuvo la relación más larga del inicio de su vida adulta, y que marcó sus años de crecimiento, con un chico Géminis cuyo Sol caía justo encima de la Luna natal de ella, también en Géminis. Chloe aprendió a nutrirse a sí misma por el contraste de esa relación. El ego del chico la llevó a situaciones en las que tuvo que aprender a poner sus propias necesidades primero. Una vez entendida la lección, habiendo integrado su Luna, ella soltó la relación que ya no funcionaba.

¿Por qué te cuento estas cosas? Para que no fuerces las relaciones. No se trata de aprender cuál es nuestra necesidad principal y descartar a quien no tiene la misma como número uno. Las necesidades pueden complementarse. Esto aplica no sólo para los vínculos amorosos, sino también para todas las relaciones que tienes en tu vida. Si miras con detenimiento, verás que estás rodead@ de personas que te dan las lecciones que necesitas aprender. Cuando lo entiendes y ves tus relaciones desde arriba, comprendes también cuál es la lección que tú puedes ofrecer a cada persona, siempre con amor y la mejor intención.

Atiende tus necesidades básicas y establece prioridades para empezar a manifestar la vida que deseas. Comienza visitando **www.miastral.com** y descargando gratuitamente los ejercicios correspondientes a este capítulo (ver instrucciones en la página 16).

A DONDE VA nuestra ATENCIÓN, hay manifestación.

-CAPÍTULO 3-

MI LOCURA
AMA TU LOCURA

≥ Atraemos lo que somos ≤

Siempre digo que uno atrae lo que es, no lo que será. Muchos no entienden este principio porque sólo ven un lado de la moneda. "¿Cómo es que yo atraje una persona celosa si yo no lo soy?". "¿Cómo es que me enganché con un abusador si yo no lo soy?".

Así como el adicto a la droga y el que la vende tienen la misma vibración, el celoso o la celosa escoge personas que le dan cancha para sus berrinches, y el abusador o abusadora detecta quién tiene una personalidad débil.

En análisis esto se explica con la expresión "los inconscientes se leen". Según mi Quirón (mi terapeuta) esto es difícil de entender para aquellas personas que no han trabajado en sí mismas. Imagino que debe ser como el concepto digital de "la nube": ¿cómo es eso de que en una nube se guarda toda la información y baja de vez en cuando? Podemos filosofar por horas y hasta buscar un especialista que nos lo explique, pero la conclusión es que es algo que funciona y es efectivo, así que le tenemos fe. Así mismo, ten fe en lo que te voy a explicar.

Es cierto, los inconscientes se leen…

Mi Quirón, vamos a llamarla Estrellita, es una terapeuta especializada en análisis. La técnica es que yo hablo y ella escucha, luego, como un espejo, me devuelve mis propias palabras, demostrándome que las respuestas a mis preguntas las tengo yo misma adentro.

Después de dos meses indagando en mis patrones y en por qué una relación con el que yo creía que iba a ser *The One* no funcionó, después de darme golpes de pecho y culparme porque fui yo misma quien la saboteó a más no poder, empecé a entender que todo lo hice porque me estaba protegiendo de algo que intuitivamente sabía que no era para mí. Mi cuerpo y mi razón me decían que sí, pero algo no fluía, el saboteo estaba indicando que algo muy muy adentro no estaba listo y que ese no era el chico para mí.

Entre todo lo que yo misma le contaba a Estrellita logré entender que mis patrones encajaban perfectamente con los de él: yo nunca he buscado el compromiso. Soy una persona 100% comprometida con mi trabajo, me gustan las relaciones serias, pero de compromiso no se habla. Él, Escorpio, al mes de estar saliendo ya me estaba hablando de matrimonio, y sí, nos conocíamos de toda una vida, pero, aparentemente, estábamos en contradicción –o eso creía yo–. Y mira que no… los dos tenemos (o *teníamos*, depende de lo que esté haciendo él con su vida) un asuntito con el compromiso. Yo porque le tengo miedo (por otros asuntos más profundos), y él porque lo usa como una manera de tener la relación que quiere. Son dos caras de la misma moneda, y parece que nos hubiéramos escogido perfectamente para aprender una lección que ambos teníamos que aprender: yo, que sí se puede llegar al compromiso y que eso no representa el final de la vida y la libertad, y él, que no tiene que comprometer a la otra persona y su libertad para estar seguro de la relación.

Cuando no estamos conscientes de que siempre atraemos lo que somos, podemos quedarnos pegados muchos años no sólo a la pregunta de por qué no funcionó una relación, sino también repitiendo el mismo patrón con otras personas, lo que puede llegar a generar muchas situaciones que nos causan dolor. Como decía Freud, hay un gran engaño en el retorno, y cada vez que llegamos a lo mismo pensamos que no es igual porque ya no tenemos la misma edad o porque estamos con otra persona, pero el patrón que se ha desatado es el mismo y está intacto, no lo hemos tocado. Tocamos y nos proponemos cambiar el peinado, la figura, el estilo, la música y hasta la ciudad y el trabajo, pero el patrón sigue allí, tomando fuerza como todo lo que está en la oscuridad. Al patrón hay que sacarlo a la luz para empezar a trabajarlo, y entre más pronto mejor.

Así que observa tus relaciones. Por mucho que creas que no son iguales, hay un punto en común.

Aquí te pongo dos ejemplos:

1. Una de mis mejores amigas, Aniella, se encuentra en una relación de siete años, pero desde hace unos seis meses flota en un limbo: están pero no están. Se ven esporádicamente y no son novios. Gran parte de los problemas empezaron cuando cada uno, entrando en su adultez y sin saberlo de forma consciente, estaba definiendo quién quería ser en el mundo. Ella es una chica muy creativa que rompe con lo tradicional, es emprendedora e independiente en lo profesional. Piensa "fuera de la caja" y es siempre genial, como buena acuariana. Él, por el contrario, está metido en una caja. Quiere el título, trabaja en un cubículo, vive entre cuatro paredes y su seguridad es su prioridad.

    Ella no puede ser auténtica cuando está con él. Él, en cambio, es exactamente quien es con o sin ella. Ella dice querer estabilidad y él le dice muy claro que no se la puede dar, pero tampoco la puede dejar. ¿Qué tenemos aquí? A una chica que por un lado dice querer estabilidad, aunque este no sea el motor de su vida, y que por el otro tiene un trabajo (su pasión) que se mueve a un ritmo diferente, desordenado, creativo y a veces caótico que la enciende. Esta tendencia le hace tener éxito en el trabajo, pero emocionalmente no. Así mismo podríamos definir su relación. Él vive en un cuadro mental donde no le permite a ella entrar. Él le está dando justo lo que ella de manera inconsciente necesita: libertad para crear. Por eso ella se engancha en esa dinámica tan difícil y cede hasta meterse de vez en cuando en su "cubículo" buscando un momento de paz. Él quizá no lo sabe conscientemente, pero si le diera toda la estabilidad que ella dice querer, seguro al rato ella se querría zafar. Basta con que Aniella se haga consciente de sus patrones, diná-micas y ritmos de vida para que se dé cuenta de que este chico tan fijo no es para ella.

2. También tengo un amigo, llamémoslo Javier, al que las cosas le han costado mucho a lo largo de su vida. La creencia interior que carga es que "si cuesta, vale la pena", y en esas se la pasa detrás de chicos que son "difíciles de atrapar" y, entre más cuesta arriba, más piensa que son *The One*. En verdad pueden serlo o no. Pero Javier está más en una re-lación con sus patrones no iluminados que viendo realmente lo que el otro tiene para ofrecer, y si no hace algo al respecto, así puede pasar muchos años de su vida persiguiendo un imposible, o posibles difíciles que le hacen perder mucha energía.

HEY! KEEP AN EYE ON IT

En un rato vas a tener la opción de realizar unos ejercicios que he diseñado para ayudarte a cachar tu patrón. Pero antes de pasar a eso, quiero dejarte tres *tips* para tener en cuenta a lo largo del camino.

1. Sé tu amigo en el proceso

Para poder iluminar patrones debemos invertir tiempo, energía y paciencia. Desde ya declara que serás tu amigo en el proceso… Tu amigo, no tu alcahueta. Ser tu amigo es decir: "cónchale, he tenido mucho tiempo para quejarme, voy a ser mi mejor amigo o voy a ser una persona que se quiere mucho y voy a tomarme dos horas del día para hacer estos ejercicios". Para algunos esto será mucho tiempo, pero si no te das tiempo tú mismo, ¿cómo esperas que alguien más te dé todo el tiempo del mundo? Si tú no te haces consciente de tus patrones, ¿cómo esperas llegar a tener una relación consciente? Por-que es muy difícil pedirle peras al olmo, así como lo es pedirle a al-guien lo que tú no sabes darte. Entonces, que te tomes al menos una o dos horas para en verdad sincerarte contigo es vital, y sí, yo sé… tú vas a decir: "sí, Mia, yo me sinceré ayer cuando estaba viendo las noticias de las celebridades, tomé un tiempo en la publicidad para pensar en mí". ¡NO! Vamos a hacerlo bien.

2. Encuentra alguien en quien puedas confiar para que esté pendiente de tu proceso

Lo comenté en la charla del *Women's Weekend* en México, y les decía: "vamos a suponer que yo quiero dejar de contestarle el teléfono al mal Juan, y le voy a contar a mi amiga más habladora, esa que cuenta todo, para que cuando me vea de nuevo cayendo en el patrón me diga '¡ajá!', y le cuente a todo el mundo. ¿Por qué? Mira, en Kabbalah tenemos esta idea de que lo que queremos que se disperse, lo que queremos que pierda poder, se conversa, y lo que queremos que conserve su poder, no se dice. Y yo sé que a muchas aquí sus abuelas, sus mamás les han dicho "¡niña, no cuente sus planes!", exactamente por esta razón, y ahora lo saben #MamáSiempreSabe.

Entonces qué pasa si yo llamo a mi mejor amiga, la más habladora, y le digo "voy a dejar de fumar, y si me ves fumando, ármame el *show*". Créeme que me estoy dando una motivación más para cumplirme, porque de esta manera pensaría en la vergüenza, y sí, aunque es un ejemplo burdo y absurdo, sé que entiendes el punto. El hecho es que cuando hacemos un *statement* público y decimos "yo voy a hacer tal cosa", empieza una presión por cumplir lo que nos prometemos. Primero es una presión social, muy ligada a lo superficial, pero con las herramientas que ya tienes sé que lo vas a llevar a un compromiso contigo mismo.

Lo que también puedes hacer es decirles a tus amigas que sean parte. Así como todas empiezan juntas a ir al gimnasio y se motivan en el grupo de WhatsApp, así mismo pueden darse apoyo para asuntos más complicados. Recuerdo cuando decidí dejar a El Extranjero. Reuní a mis mejores amigas y les dije: "esto va a estar difícil y planeo hacerlo para X fecha. Voy a necesitar su ayuda". No tuve que añadir más nada, y fueron luces en un camino oscuro que no sabía cómo iba a recorrer, pero mi voluntad, la ayuda de ellas y mi receptividad (entender que no podía hacerlo sola) fueron la manera. Juntas iluminamos muchos patrones, porque en el proceso de ayuda, en esos meses de tanto cambio, varias de ellas se atrevieron a dar un paso en su oscuridad personal también.

3. Lleva un récord de tu proceso

Keep yourself accountable. Repito, estar atento y consciente del proceso es lo que más ayuda. Lleva un diario donde hagas seguimiento sobre lo que estás entendiendo y reconociendo con estos ejercicios e información, simplemente escribe al respecto.

Te preguntarás cómo esto te puede ayudar, ¿correcto? Si has hecho las actividades de los capítulos anteriores, debiste haber sentido el trabajo emocional. Te explico: cuando escribimos algo se activa otra parte de nuestro cerebro, y el proceso es distinto a cuando sólo lo pensamos y lo dejamos ahí. Escribirlo además le da forma y saca información de ti que necesitas.

Una vez en el papel, empieza el proceso de cambio y por ende el proceso de manifestación. Si lo escribimos y lo conversamos, lo estamos llevando a un nivel más allá, y si lo escribimos, lo conversamos y nos grabamos… tú no tienes idea, es increíble, pero yo sé que a muchos les cuesta. Yo recuerdo que cuando empecé a grabarme, mi voz me parecía terrible, pero, como todo, eso se nos pasa y nos centramos en lo que es en realidad importante: sanar.

Entonces, tómate un tiempo para descubrirte en lo que escribes, y aunque no sepas por dónde empezar, sencillamente agarra lápiz y papel y empieza a escribir. Desde cosas como: "estoy trancada, Juan no me contesta el teléfono, está pasando esto y me siento así, así y así", hasta: "empiezo a intuir que él tiene inseguridades que reflejan también mi falta de amor propio y reconocimiento", todo es válido. Con esto te volverás más reflexivo en tus intercambios con otros, entenderás por qué se atraen, por qué se llaman la atención, por qué te choca algo de él o ella o, más bien, por qué te gusta si no puedes explicarte la razón. Escribir te hará llegar a tener tu *a-ha! moment*, la realización de algo que quieres y requieres solucionar, pero no sabías que estaba allí.

Ahora sí… para detectar cuál es tu patrón y qué puede estar atrayendo, visita **www.miastral.com** y descarga gratuitamente los ejercicios correspondientes a este capítulo (ver instrucciones en la página 16).

Uno atrae
LO QUE ES,
NO lo que
será.

-CAPÍTULO 4-

LAS REGLAS
DE LA ATRACCIÓN

Lo que aprendimos de papá y mamá

Playlist sugerido:
Absolute Certainty (Certeza absoluta),
página: 236

Está comprobado que cuando somos niños observamos qué hace mamá que le gusta a papá, y qué hace papá que le gusta a mamá. Como mujer, por ejemplo, lo más típico es que nos digamos: "si mi querido y adorado padre se fijó en mamá, ¿qué hace ella que le llama la atención?". Esto no es un proceso consciente, pero se da. De allí empezamos a tomar las primeras reglas de atracción que usaremos más adelante.

¿Recuerdan a mi amiga Chloe, la de la Luna en Géminis? (ver capítulo 2). Al terminar la relación tóxica que tuvo cuando era joven, se dio cuenta de que algo que no soportaba eran las nebulosidades; situaciones "inciertas" de parte de sus potenciales parejas, las mismas que no soportó del otro. Al trabajar en sí misma, se dio cuenta no sólo de que su mamá amaba esto de su padre en la fase del encanto, porque él era soñador y a ella le fascinaba el misterio, sino que como ella (mi amiga) estaba grande cuando eso mismo que la mamá amó empezó a causar problemas, tomó de lleno la manera en que su mamá empezó a llamar la atención de su papá cuando sus nebulosidades se convirtieron en escapadas. Su mamá se alteraba, y así mismo Chloe caía en esas tendencias para llamar la atención de los potenciales novios que, mira tú, tenían las mismas tendencias, digamos… artísticas. Estas tendencias, mal ubicadas en nuestra mente, las vemos como el juego de atracción.

Ya cuando se hizo consciente, y gracias a mucho trabajo interno, Chloe empezó a fijarse en otras cualidades que percibía interesantes. Ahora se cachaba cuando una persona o situación nebulosa se presentaba en el amor, o en otra área, y ponía sanos límites. Por ahí apareció el que hoy es su esposo y se dio cuenta de que, contrario a sus otras parejas, con él gritar o alterarse no funcionaban, así que esa no podía ser la técnica que ella podía usar si quería llegar a un acuerdo con él.

OH, WOW. Iluminación.

Cuando yo entendí esto, lo primero que hice fue ver mis patrones, antes de irme hacia atrás con mamá y papá. A diferencia de Chloe, yo no tenía esta información de "mamá y papá" porque mi mamá me tuvo a los catorce años y, por muchas razones, se rehúsa a hablar de lo que pasó cuando pasó. Así que me pregunté qué es lo que llama mi atención. La indiferencia. Difícilmente es un punto de atracción, pero sin duda tomaba toda mi atención cuando sucedía. En cuestiones profesionales (tocar una puerta y que no me consideraran) o amorosas (el silencio después de una pelea), la indiferencia me hacía sentir que yo rayaba en lo obsesivo. Me preguntaba mil veces "¿por qué, por qué, por qué?", e inventaba miles de escenarios posibles en mi cabeza.

Gracias a mi necesidad prioritaria de sentirme importante como estudiante, como profesional y más (ver capítulo 2), me empujé a solucionar el "por qué, por qué, por qué no soy suficiente para _____" profesionalmente, pero en cuestiones del amor, de cuando en cuando seguía sintiéndome atraída por la indiferencia. No fue sino hasta que se acabó una relación que me dejó devastada que empecé a hacerme las preguntas correctas y a preguntarle a mamá qué fue lo que pasó.

En esa relación que terminó, cada vez que él, Escorpio, sacaba el tema del compromiso, yo discutía al rato, a las horas o al día siguiente, para evitar hablar de ese asunto que me hacía sentir tan vulnerable. Mientras más discutía yo, más se alejaba él y se ponía indiferente, y entre eso más pasaba, más peleaba yo.

El análisis de mi pareja y la observación que tenía de sus patrones, de su familia, me hicieron entender que, para llamar la atención, él tomaba distancia para que una chica más amorosa volviera a buscarlo, porque así funcionaron sus padres por mucho tiempo.

Yo seguía sin una pieza del rompecabezas, así que cité a mi mamá. Tenía que saber, necesitaba saber. El dolor que estaba sintiendo después de la ruptura era algo que no quería sentir nunca más. Sabía lo que venía. Le hice preguntas a mi mamá y ella rompió en llanto. Era tan sólo una niña, y sé muy bien que lo que ella cuenta es su perspectiva, de ninguna manera es la verdad absoluta, pero obtuve información muy valiosa: mis padres se conocieron estando ambos en bachillerato. En los ochenta y en mi país natal, no eran muchos los hombres que hacían ejercicio al estilo *fitness*, y menos que usaran esteroides. Mi papá, joven y todo, estaba por completo en la onda, y los esteroides lo llevaban a tener ciertos estallidos de furia. Sin embargo, era conocido entre sus amigos como "El Motivador".

Le pregunté a mi mamá (porque conocí muy poco a mi papá) si él le peleaba por gusto, por inseguro, o cuál era la razón, y ella me dijo que no sabía exactamente por qué, pero que era muy celoso. Una vez –me contó–, ella se fue de vacaciones con la familia, y él le dijo que no podía salir a la playa ni hablar con otros chicos. Él le peleaba y ella se aislaba, pero lo quería mucho. Mi papá era el que peleaba, mi mamá era la indiferente.

Cuando mi mamá quedó embarazada y se casaron, empezaron a tener serios problemas, pero decidieron quedarse juntos hasta que yo tuviera al menos dos años. Mi mamá no aguantó y se separó antes, que es también una manera de irse, de dejar, de hacer que quizá el otro sienta que no le importa… la indiferencia.

Algo capté yo en ese corto tiempo, y seguro un poco más grande escuché algo más de miembros de mi familia, lo que me permitió convertirme en mi papá y pelearle a mi mamá cuando ella no podía asistir a todos los eventos en los que yo quería su presencia, por lo que vivíamos en países diferentes (mi mamá se fue a estudiar fuera para terminar secundaria).

Allí estaba el patrón: si no haces lo que yo quiero, me siento profundamente vulnerable y me defiendo diciendo que eres indiferente conmigo. Yo peleo y creo más separación. Me di cuenta de que extrañé mucho a mi mamá una vez nos separaron cuando yo tenía tres años. Que percibía su lejanía como un abandono porque no entendía la situación, y creía que si le peleaba como lo hacía mi papá, quizá podría tenerla, así fuera por un momento. Y lo repetí varias veces. Hay un gozo morboso en el "retorno de la situación", aunque estemos refinados y los protagonistas sean otros.

Con eso entendí muy bien la dinámica entre Escorpio y yo. Supe que él no había terminado la relación, sino que yo la acabé desde el inicio y me basé más en ese patrón que en trabajar mi miedo a la vulnerabilidad, que después me llevaría al miedo al compromiso. Yo, que tengo más conocimiento de todo esto que él, podría haberlo visto, pero no lo hice... y está bien. Esa relación me hizo darme cuenta de esto, de lo importante que era cambiar por completo la relación con mi mamá, dejar de crear separación con otros o de interpretar como indiferencia el espacio sano o la distancia necesaria cuando las cosas están difíciles.

Aunque en este punto sé que lo vi como un abandono que más bien era creado en mi mente, en ese momento lo sentí tan real que me marcó y después lo siguió haciendo. No sólo iluminar patrones personales (capítulo 3) nos sana, sino que conocer nuestra historia y puntos de referencia que pueden estar muy guardados, nos libera.

LA IMPORTANCIA DE LA NEUROASOCIACIÓN

Lógicamente, cuando empezamos este trabajo de conocernos mucho más, de tratarnos mejor, es fácil abrumarnos cuando nos damos cuenta de que la tarea es interminable: además de saber que tu Luna natal está en Cáncer, que tienes a Venus en tal lugar, que hay que dormir lo suficiente y tomar tus suplementos, resulta que además descubres que te caería bien hacer ejercicio cinco veces a la semana y que sería como de lujo empezar ese curso que te va a certificar en algo que has estado soñando desde hace años. Entonces te preguntas: "¡¿en qué momento?!". Mira, podemos tenerlo todo, pero no al mismo tiempo.

¿Cuál es tu prioridad en este momento? Si estás devorándote este libro, imagino que tu prioridad es mejorar una relación existente o manifestar una nueva en tu vida, ¿cierto? Pero esos cambios en las relaciones parten de la relación que tienes contigo. Es normal y muy natural que te sientas abrumad@, son demasiadas cosas por hacer, pero quiero que entiendas que es un paso a la vez y que tu principal trabajo es mantenerte motivad@ todos los días sin contar con estímulos externos, es decir, aprender a motivarte de adentro hacia afuera. Para mantenerte bien debes comer y descansar de manera adecuada, porque hay gente que se quiere comer el mundo durmiendo dos horas al día, y eso no funciona. Entonces bueno, a empezar por lo básico que es cuidar de ti como si fueras una buena mamá, luego hacer una lista de las cosas que elevan tu vibración y te ponen de buen humor: descansar, tenerte bien y escuchar música llena de energía que te encienda.

Quiero que todas las mañanas te recuerdes que está bien tomar aunque sea una sola acción que te acerque a algo que quieres manifestar. Los grandes cambios no son un acto desmedido que sucede una vez a la cuaresma, son una acumulación de pequeños ajustes con los que somos consistentes y que cada día nos llevan un poquito más allá. Es como alcohólicos anónimos, y no me estoy metiendo aquí con nadie que haya hecho los 12 pasos porque conozco muy bien el proceso, pero es como decimos en cualquier equipo de rehabilitación: tenemos que ir un día a la vez, un paso a la vez, porque de esa manera vamos quitándonos peso de encima.

A las Virgo por acá que les gusta hacer listas, me parece que es muy buen ejercicio, pero anoten en ella salir de lo conocido y no sentirse culpables si un día no logran todos los ítems de la misma, ya que la culpa es un mecanismo egoísta que nos mantiene regresando al inicio, te cuento por qué: si no cumples un paso el día que te lo prometiste vas a dejar que la culpa tenga cabida, y no te darás cuenta de cómo te agarras de ella para decir: "bueno, ya me comí la torta hoy, y aunque tenía una semana haciendo sana restricción, ya lo perdí, así que ahora me voy con todo". Entonces por eso quiero que entiendas que es bueno tener pasos. Está increíble tener una visión a largo plazo, pero tenemos que aceptar que es normal sentirnos abrumados, preguntarnos una y otra vez por dónde empezar, aunque eso no lo debamos utilizar para no iniciar el proceso o no actuar.

Algo que yo sé, y de lo que quiero que seas consciente, es que si estás por aquí es porque hay una situación que deseas mejorar con relación a tu pareja, amigos, papá o con relación a ti mismo. Y una de las razones por las que quizá te encuentras acá, pero no ves transformaciones en tu vida, es porque no estás generando cambios poco a poco, día a día, ¿y por qué no pasa esto? Porque sientes que apenas estás descubriendo cosas que habrías querido saber hace tiempo y que te gustaría resolverlo todo ya.

Cuando estás empezando una relación y te encanta, te cargas de endorfinas y de muchísimas otras sustancias loquitas que corren por el cuerpo, y te abruma todo lo que te gusta del chico o la chica, quieres tenerl@ todo el tiempo. Eso también podría ser abrumador pero no lo sientes así porque lo disfrutas, ¿cierto? Tampoco te sientes abrumad@ cuando todo el mundo te está llamando para pagarte. ¿Por qué? Porque estar abrumad@ de amor o de dinero, ¿con qué lo asocias? ¡Con bienestar y abundancia! Mientras que cuando se trata de deudas o de una situación que no puedes controlar, o cuando sientes angustia con la idea de hacer un ajuste o un cambio (dejar de fumar o dejar las harinas, dejar el gluten, dejar al mal Juan…), ¿con qué lo asocias? Con dolor y sacrificio. Entonces sí te sientes abrumad@.

Lo que quiero que entiendas aquí es la importancia de la neuroasociación. Cuando estás abrumad@ de cosas buenas no lo llamas abrumador, lo consideras algo ¡muy feliz!, porque para ti tiene una asociación al placer. Por eso tienes que aprender a asociar ciertos procesos con placer… para que puedan funcionar. ¿Cómo así?

Es cierto que hay mucho trabajo que hacer antes de manifestar una relación que de verdad valga la pena, entonces decimos: "¡Dios mío, esto no va a estar fácil y lo veo largo!", pero resulta que mientras más tarde empieces, más largo será. Si yo sé que trabajar en mí me va a llevar a manifestar una relación muy linda y empiezo a asociar el trabajo con placer, con las buenas sensaciones que voy a sentir después, la cosa es diferente; pero si estoy asociando el cambio con dolor y sacrificio, no hay manera.

Así mismo, es más fácil comprometerte con tu dieta o con tu plan alimenticio cuando piensas lo rico que será ponerse otra vez ese *jean* o lo bien que te vas a sentir con tu cuerpo, en vez de estar pensando en las tortas que nunca más vas a tocar. Entonces, ¿sí entiendes que la neuroasociación es un proceso muy importante pero que requiere mucha disciplina mental?

Y otra cosa que te digo de una vez: desde el momento en que se reconoce un patrón, hasta liberarlo y crear uno nuevo, puede pasar mucho tiempo (somos criaturas de hábitos), pero si te mantienes motivad@ y despiert@ podrás lograrlo. Sé que en este momento, quizá muchos que no son psicólogos y que no han estado conmigo durante un rato dicen: "¡wow, tiene razón!, voy a empezar a asociar hacer la dieta o dejar a Juan o Elena con el placer que eso me va a generar después". Pero qué pasa, vas a empezar, y la semana que viene, como no ves resultados o aún no tienes lo que quieres, vas a mandar todo esto a la mismísima… Y lo menciono porque es la realidad del asunto. En teoría, todo esto que estamos haciendo suena muy lindo, pero en la práctica no está fácil.

Lo principal –y te repito: esto va a tomar tiempo– es que empieces a observar tu doble discurso y tu diálogo negativo. En estos días tuve consulta con una chica y le pregunté: "¿por qué solicitaste una cita astrológica?". Yo estoy reclara, tengo casi nueve años atendiendo y nunca he tenido una persona que diga: "estoy feliz, estoy 100% satisfecha con todas las áreas de mi vida, estoy aquí sólo para hablar contigo". Todo el mundo tiene algo que quiere mejorar, entonces ella me decía: "en verdad estoy muy feliz en mi vida, me gustaría hacer algo muy creativo", y yo le contestaba: "muy bien, ¿estás feliz en tu trabajo?", "no, estoy muy limitada, pero yo no quiero dejar mi trabajo, me encanta", y así jugamos…, me tiraba una perla y me la quitaba, estaba muy feliz con su vida pero estaba muy intranquila, estaba satisfecha en su trabajo pero no aguantaba ir todos los días; hasta que le dije: "mira, aquí hay un doble discurso, quisiera grabarte para que te escuches y te des cuenta cómo te contradices, porque no dejas ni siquiera que yo pueda entrar en ti para ayudarte a entender qué quieres o no quieres".

Después de media hora del toma y dame, le dije: "por favor, vamos a ser honestas. Me dices que no estás conforme en tu trabajo y que tampoco estás satisfecha en tus relaciones", porque yo también veo que si la mujer está feliz en su relación pero mal en el trabajo, bueno, es una situación de encontrar su propósito, su trabajo personal con su contribución al mundo; o si está feliz con su trabajo pero no tiene relaciones, le damos enfoque a ese tema. Pero en el caso y en las palabras de la chica de la consulta, ella se sentía muy inconforme con todo pero no quería soltar nada, y tampoco quería escuchar sugerencias.

Cuando haces consulta con alguien que en vez de preguntarte te escucha y te devuelve las mismas palabras y tono que tú estás usando, te será fácil decir: "ya va, algo está pasando". Si no tienes terapeuta o alguien que te choca y te checa y que es capaz de decirte sin pelos en la lengua cómo tú mismo te das la vuelta, tienes que buscar una manera de cacharte. Te puedes grabar y, si te da pena, habla con un amig@ que sea objetivo y sincero y que se haya ganado el derecho de escuchar tu historia; no puedes llegarle con esto a cualquiera. Si no quieres el recurso de "llame a un amigo", ten un diario donde vas a escribir todo lo que te pasa por la cabeza. Hazlo, y cuando leas lo que has escrito te vas a dar cuenta de cómo te contradices en muchas cosas, por ejemplo: "no, es que Juan es el hombre para mí" y después, "pero es que me dejó embarcada" y después, "pero es que yo lo veo como el hombre más maravilloso" y después, "pero es que también me enteré de que está hablando con Elena"; pero bueno, ¿qué onda? ¡es una cosa o es la otra!

Para que te rías, porque así es más fácil aprender, un día Chloe y yo le hicimos una pizarra a Aniella. Dibujamos un cuadro casi estadístico y cronológico en el que anotamos:

* 31 de diciembre. Año Nuevo. Scott te dejó embarcada afuera de la disco.

* 15 de enero. Aniella accidentada. Scott dijo que estaba muy ocupado en el trabajo como para ayudarte (¡historia verdadera!).

Aniella, como Dory en *Buscando a Nemo*, goza de memoria corta y conveniente. Parecía que se le olvidaba lo que había pasado ayer, como si al despertar se le reseteara todo, y no de la mejor manera. Nosotras, después de años de consejos, decidimos mostrarle la pizarra, y cuando lo vio todo junto quedó con la boca abierta.

Si empiezas a escribir a lo largo de tus días, te vas a empezar a cachar las mentiras, y no son mentiras de "soy mentiros@". Todos usamos este mecanismo de defensa para poder vivir nuestra realidad cuando no queremos ser conscientes.

Aparte del doble discurso, nota tu diálogo negativo. Por ejemplo, me dicen en consulta: "bueno, Mia, quiero una relación de pareja, pero ya estoy muy mayor, tengo 57". Ya va… Louis Hay tiene 81 e inició una relación hace poco. Hay muchas excusas que te dices para no empezar el trabajo, entonces, lógicamente, te sientes abrumad@ porque no comienzas, ¿por qué no lo empiezas? Porque lo asocias con dolor, pero tienes que arrancar a cacharte para poder decir: "¡ya va, un momento!, objetivamente tengo que aprender a ver esto desde arriba y decir: 'no más excusas, porque si no, ¿para cuándo lo voy a dejar'?".

Otra de las razones por las que no intentas los cambios, y por lo que te sientes abrumad@, es porque sientes que ya lo has intentado y no te ha salido bien. Me vas a decir: "es que yo he salido con chicos mil veces y mil veces me ha salido mal". Pero resulta que lo hiciste mil veces con un estado de consciencia que te aseguro no es el necesario. O, por ejemplo, puedes decirme: "mira, Mia, yo intenté emprender un negocio tres veces el año pasado y no se dio". Tú, en este momento, no eres la misma persona del año pasado, tú, en este momento, no tienes el mismo estado de consciencia de hace cinco meses cuando te sentías atraído por cierto tipo de personas; a lo mejor este tú de hoy no se siente identificad@ con esas personas porque has hecho trabajo de consciencia. Tenemos que actualizarnos todo el tiempo.

Hay mucha gente que no se vuelve a atrever porque le ha ido muy mal, pero tampoco se quiere celebrar y dar crédito de todo el trabajo de consciencia que ha hecho; yo te aseguro que si estás aquí algo has hecho bien. Algo de todo lo que has escuchado, leído, etcétera, ha calado. Hoy no eres el mismo o la misma de antes, incluso si ahora estás en una relación, el estado de consciencia que tienes en este momento no es el mismo que tenías hace seis meses cuando discutiste con tu pareja… ya eres otr@, y entonces ahora puedes decir: "quiero hacer cambios y voy a asociar estos cambios con placer". Por ejemplo: "me di cuenta de que en mi relación soy controladora, tengo un asunto de control que está asociado al miedo de sentirme vulnerable y no dejo que esta relación sea flexible, no me gusta cuando se me desestabiliza el plan y mi pareja me cambia la hora y le armo pleito. A partir de ahora voy a asociar este cambio con placer, porque esto no es solamente para estar bien con el buen Juan, es para estar bien con mis colegas, con mis socios, con otras cosas que me ayuden a fluir en otras áreas de mi vida". Entonces empiezas a crear una visión de lo lindo que va a ser cuando estés en ese estado. Sé que va a tomar tiempo, y da gracias por esto, porque significa que va a ser un proceso real, no una curita de mentira.

Entonces… ¿Te animas?

Resumiendo…

1. ¡No te abrumes! Visualiza lo que quieres lograr, ordena tus prioridades y ve un paso a la vez. Es mejor lento, pero seguro.
2. Asocia tu trabajo personal o lo que quieras lograr con bienestar y placer.
3. Regálate el chance de intentarlo otra vez. Intentar hoy lo mismo que intentaste ayer dará diferentes resultados porque ya no eres el o la mism@. Usa el pasado como un punto de partida y no como un punto de estadía.
4. Decide cómo quieres ver tu presente y aclara la visión que estás armando para tu futuro. Cree en el amor incondicional que sientes por ti y trabaja por mantenerlo. Ten compasión por tu proceso.

Y ya está. No te abrumo más…

¿Ya identificaste cuáles son los patrones limitantes que aprendiste de la relación de papá y mamá? Trabájalos y rómpelos. Visita **www.miastral.com** y descarga gratuitamente los ejercicios correspondientes a este capítulo (ver instrucciones en la página 16).

Podemos
TENERLO todo
PERO NO TODO
al mismo TIEMPO.

-CAPÍTULO 5-

LA METÁFORA DE LA PIZZA

¿No pain, no gain?

Playlist sugerido:
La douleur exquise (El dolor exquisito),
página: 237

Hay un dolor exquisito. Un placer morboso que se asocia con eso tan intenso que no llegamos a tener por completo. Y culturalmente estamos estimulados a relacionar amor con dolor.

Y sí, hay muchos procesos en la vida que nos llevan al inframundo, nos quitan una capa del ego y de los cuales resucitamos como aves fénix, pero no todo en la vida puede ser un proceso de transformación que nos obliga a empezar de cero. Hay otra manera de crecer y es por voluntad; no todos los aprendizajes tienen que venir por contraste. Para que entiendas, te cuento "la historia de la pizza".

El mundo se divide entre los que se comen los bordes de la pizza y los que no, al menos para mí. Yo pasaba por el triángulo para llegar al borde, como quien se come el helado pero en verdad ama la barquilla. Una vez, jugando a la libre asociación con mi terapeuta (Estrellita, mi analista), me escuché diciendo que yo hacía todo por ganarme el borde, así como algunos van con todo por la corona.

Decía que aunque no soy una fan de la pizza, cuando la como en verdad sólo quiero los bordes, los cuales "me gano" comiéndome el resto, no dejo el triángulo huérfano. Estrellita me dijo: "mira qué curioso y particular, y así mismo en la vida te llevas a situaciones que te hacen sentir que "te ganas" el borde, ¿no?, ¿no se trataba de eso tu contrato interno con la anorexia? Si hacías ejercicio te permitías comer". Y sí, al ver que hacer ejercicio tenía otros beneficios más allá de los que buscaba, se concretó una verdad para mí. El proceso de contraste estaba de alguna manera glorificado.

Entender eso fue vital en mi recuperación del desorden alimenticio, pero aun sanada de ello, se me escapó que podía tener ese patrón en relaciones. Los patrones son astutos, como verás, y parece que los guardamos en unos cuantos clósets en el inconsciente, desde donde operan. Entonces... evaluando la situación de la pizza en otras áreas de mi vida, me di cuenta de que seguía "comiéndome el triángulo" en temas donde ya podía llegar al borde sin problema, y entendí que también podemos aprender disfrutando el proceso una vez somos conscientes y, más aún, cuando sabemos que estamos haciendo esto por amor propio y con muchas ganas de dejar atrás la programación de que si duele es porque vale la pena (el nocivo *"no pain, no gain"*).

Sin la carita de circunstancia todo fluye mejor y mejores personas fluyen a ti. Cuando dejas de tratarte como esclava, al fin puedes sentirte como una reina (y los chicos igual).

El nuevo *setting* estaba haciendo efecto en mí y ahí fue cuando conocí a Mr. Charming. Capricornio, ascendente en Piscis, Luna en Leo, nació y fue educado para encantar a las personas, mejor dicho, a las mujeres. Yo siempre había sido la "caza bordes" y siempre siempre escogía quién iba a ser mi nuevo novio. Salvo el Leo que me rompió el corazón en 2009 y Mr. Charming, quienes fluyeron a mí sin mover un dedo.

Todo con Mr. Charming era perfecto, a excepción de su Marte en Géminis y el hecho de que él no tuviera plan. Como Joey en *Friends,* Mr. Charming no tenía ni rumbo ni apuro, porque no se veía en la necesidad de trabajar.

Una vez que pasada la etapa de conocimiento y excitación, la vibración que nos alineó empezaba a moverme un poco, porque igual, aunque no tenía la idea de estar con él al inicio o de crear esa relación, tenía que tener un plan.

Primero pensé que estaba necesitando el triángulo de la pizza, y que no por haberme ganado el borde, por haber llegado rápido a ella, estaba en una relación limbo. Con el tiempo entendí que no se trataba de eso, sino que tenía que darme el tiempo para aprender a fluir con las cosas que quiero manifestar, al mismo tiempo que debía despertar y observar mi ideal del amor.

A ver: yo ya para este punto podía tachar de mi lista de patrones y creencias eso de que para ser de verdad, la cosa tiene que tener obstáculos (todo es culpa de las novelas, querida abuela). Pero apenas estaba descubriendo que con todo y que ya estaba al final de mis veinte y pisando los treinta, aún tenía la idea de un amor romántico, de una relación que "se da", y todavía no contemplaba las relaciones conscientes que exigen de nosotros, en las que hay que trabajar y en las que uno no "se gana" el puesto, sino que está en ellas con el propósito de crecer al lado del otro. Ni Mr. Charming, que ya tenía sus buenosmozos 36, ni yo estábamos conscientes de eso.

Para profundizar, te cuento la historia de Carito. Ella es una chica que viene de una familia bien posicionada, pero hizo lo mismo que Rachel (sí… en *Friends*). Después de un mal compromiso que se rompió, decidió rehacer su vida *casi* sin los fondos de mamá y papá. Decidió que quería tener una vida *boho chic* (bohemia con un toque de lujo) y un chico buena onda, trabajador, que luchara por su puesto y sudara la camiseta 24/7 en esta economía difícil, que la hiciera feliz con detalles simples pero al corazón. Proyectaba que eso era lo que quería, y eso fue lo que suavemente fluyó hacia ella.

Cuando la relación empezó a tomar forma después de muchos meses de consideración –porque él quiso ir lento, pero seguro–, ella empezó a molestarse porque él no llenaba su visión de relación romántica. Es decir, una vez que al fin formalizaron como novios, ella pensó que él no era el hombre con el que imaginaba casarse cuando estaba pequeña. Lo cómico es que él era lo que ella, día y noche, decía que quería. Que en el ínterin de conocerlo salió con miles de triángulos de pizza y jamás llegó al borde. El borde llegó y le dio poco a poco el triángulo para que ella lo pudiera digerir, porque él, como buen psicólogo, sabía que había que tenerla encantada y además la adoraba. Pero aun así, cuando la lucha y el triángulo se acabaron y se le entregó el borde completo, ella se armó un triángulo imaginario para volver a empezar la lucha.

Él le explicó varias veces, incluso delante de nosotras, que no había necesidad de luchar más, que su ideal de amor romántico se había convertido en un mecanismo de defensa para no enfrentar el nivel de compromiso que ahora era posible y, muy enamorado e inteligente, creó un plan para enseñarle cómo se lleva una relación consciente, pero sin hacerlo en directa relación con ellos dos.

Lo primero fue hacerle entender que no podía seguir semindependiente, que tenía que independizarse por completo de sus padres, algo que a ella le costó mucho. Fue persuasivo y planteó metas en común para que juntos trabajaran y ahorraran. Ahora, las salidas, gastos, etcétera (asuntos de valor) tendrían que ser más pensados y conscientes que antes. Ella ya no podía valerse sólo de tarjetas de crédito, algo que, entre otras cosas, distorsiona completamente nuestra relación con la ganancia, el merecimiento, la culpa y la esclavitud.

De alguna manera, liberó a la mujer adulta que era, y poco a poco ella empezó, sin saberlo, a relacionar tener responsabilidad con libertad, hasta que llegó el momento en que se hizo responsable del sueño de tener una vida con él, y se dio cuenta de que le daría más dolor perderlo que perder la ilusión de amor romántico a causa de un amor real que estaba puesto sobre la mesa. (Un aplauso para ese chico Sagitario).

Pero no todos tenemos una pareja inteligente, consciente, con el tiempo y la paciencia para guiarnos en el proceso. A lo mejor quien está tratando de despertar al otro eres tú. Puede pasarte hasta con el socio de la compañía. El hecho es que todos hemos pasado por estos escenarios, y ya es hora de observar si asociamos amor con procesos difíciles o con ilusiones románticas sin base, y cómo eso afecta lo que está disponible ahora. Para no cometer mi mismo error de pasar de "el amor con dolor es el que dura" a "amor es flotar en el aire", yendo de una esquina a la otra sin buenos resultados, tienes que conocerte bien, tienes que actualizarte y, sobre todo, más que tener un plan estructurado, debes cargar tu tanque de gasolina de motivación para manifestar la relación que anhelas experimentar.

Meditar y sentirla te lleva a aclararte, al igual que notar en qué temas se deben hacer ajustes. También es importante buscar ayuda si es necesario para romper patrones limitantes que se te escapan de las manos o si tienes la cabeza llena de pensamientos y voces que no logras callar.

Los cambios se van a dar cuando empieces a asociarlos con un gusto, con un placer que reposa en la responsabilidad y la madurez, no en una salida fácil; cuando salgas de la posición del "ojalá", del "quisiera", y empieces a decir "es urgente y necesario". Para conseguirlo, lo que vas a hacer es visualizar cómo serás en un año si no cambias, si sigues con el mismo patrón (miedo a las relaciones, triángulos amorosos, líos de control, adicciones, desórdenes alimenticios, miedo a aprender…). Pregúntate: "¿cómo seré en un año si decido quedarme en este mismo lugar?". En esa visualización también puedes darte cuenta de que otras personas, en cambio, sí han avanzado: ¿cómo se siente eso? Cuando el dolor de permanecer igual es más grande que el dolor de cambiar, ahí nos ponemos las pilas.

Tengo una amiga Piscis ascendente Géminis que siempre pareció estar en la relación perfecta. Y aunque esta ya no lo era después de siete años, ella relacionaba la separación y el qué dirán con dolor, uno mucho más grande del que silenciosamente estaba sintiendo adentro. Con estas meditaciones ella se dio cuenta de que verse en un año en el mismo lugar real o emocional era insostenible. En menos de tres meses se sinceró e hizo el plan. Y no ha sido fácil, pues decidió irse y luego descubrió que él tenía tiempo con otra persona, tal como ella sospechaba.

Mi amiga, que tiene 32, se dio cuenta de que más vale un rato colorada (así sea por su vergüenza al qué dirán) que toda la vida descolorida, y se atrevió. A los seis meses de haberse separado, toda su vida había cambiado para bien. Su negocio floreció, cambió mucho su manera de ser. Se relajó en la búsqueda de perfección, manifestó la relación que quería. Ahora se siente amada, apasionada y recuerda cuando había hecho el trato con ella misma de quedarse donde ya estaba por falsa comodidad y por miedo a cambiar.

Y aquí es cuando te pones a pensar y caben varias preguntas: "¿qué tal si yo hubiera hecho ese cambio el año pasado cuando me lo propuse?, ¿dónde estaría ahora?". Y nos pasa en muchas áreas… "Ah, yo debí haber ido al dentista en ese momento y no llegar hasta este punto" o "¡ay!, yo debí haber organizado los papeles en ese momento y ahora tengo que hacerlo rapidísimo este fin de semana". ¡NO! Cuando tuviste el tiempo pensaste que aún podías esperar. El tiempo es una ilusión, pero el poder está en el ahora. Motívate a empezar de una vez para no hacerte todas estas preguntas o lamentarte el año que viene.

Liberarte de las creencias limitantes que te alejan de experimentar la relación que quieres sí es posible. Para hacerlo, visita **www.miastral.com** y descarga gratuitamente los ejercicios correspondientes a este capítulo (ver instrucciones en la página 16).

Cuando dejas DE TRATARTE COMO -una- esclava AL FIN puedes sentirte COMO UNA reina.

-CAPÍTULO 6-
EL CUERPO DEL DESEO

Primero: limpiar la casa

Te quiero contar de Mat, y no, no fue un novio. Mat era el único chico en el grupo de 12 pasos de desórdenes alimenticios. Es entrenador de gimnasio, está increíblemente hermoso: es Brad Pitt pero con pelo castaño. Es Cáncer, es un amor.

La primera vez que lo vi (porque no asistía a todas las reuniones) juré que estaba allí para apoyar a alguien, pero fue el primero que habló esa noche. Mat estaba haciendo el ejercicio del "*backtracking*", que consiste en volver a la situación que lo llevó a comer sin parar y después vomitar. Él era (y de verdad espero que ya no esté en ese lugar emocional) bulímico, con un desorden que lo llevaba a tener la imagen corporal a la que somete no sólo la bulimia, sino el ejercicio excesivo, tanto que era entrenador de personas reconocidas, un entrenador famoso, me enteré después.

Mat describió toda la situación, desde que se molestó consigo mismo, hasta que salió a comprar algo de comer, al mismo tiempo que pedía una pizza y calculaba el tiempo que le quedaría en su estómago a ver cómo iba la digestión. En este tema puedo quedarme un rato, pero el hecho es que mientras rompía a llorar, él decía que lo que más quería en el mundo era una relación. Yo pensé: "ay, qué persona afortunada la que se lleve a Mat. Ay, ay, ay, alguien que lo ayude, alguien que le haga ver lo hermoso que es por dentro y por fuera"… mientras Mat decía: "una mujer que me entienda, que entienda que los hombres también pasamos por esto", etcétera.

Mucho tiempo después, cuando trabajé en estos temas personalmente y para ayudar a otros, llegué a entender que tener una relación con alguien que sufre de una adicción o desorden puede ser muy difícil. La persona que está afectada tiene una relación con la adicción y no hay espacio para nadie más. Muchos son funcionales y hacen espacio y tiempo para el trabajo, porque de alguna manera así sustentan el hábito, y ya sabes que uno hace lo que sea por defender sus necesidades, aunque estas no sean las mejores. No, no iba a ser fácil amar a Mat cuando no tenía límites dando amor y después quitaba el cariño entregado sin ninguna razón, así como no era fácil estar en una relación conmigo cuando, como anoréxica, no abría mi corazón. Pasados dos años, volví a ver a Mat. Tenía una novia linda, genial, bastante elocuente. Él se veía un poco más rellenito pero feliz. Estaba asistiendo a una de las reuniones porque cuando de desórdenes alimenticios se trata, siempre hay que estar *on track*, pues uno no puede romper la relación con la comida.

Por mi parte, cuando empecé con El Extranjero, comencé con esta terapia de desórdenes alimenticios. Principalmente, porque –gracias a la necesidad de sentirme importante (capítulo 2)– me parecía imposible atender a personas estando bastante consciente de que sufría –y sí, SUFRÍA– de anorexia, lo que me tenía el corazón cerrado y me hacía muy difícil sentir empatía por mí o por otros. Y, por otro lado, porque para El Extranjero todo giraba en torno a la cocina y a la comida. Su Luna en Tauro decía: "Te quiero, así que come", y yo no abría ni la boca ni el corazón… nada.

Al empezar la terapia ya estaba haciendo cartas astrales por consulta, aunque no atendiendo como *coach*, porque no lo era, pero llegué a entender que siempre nos alineamos con personas que traen lecciones divinas para sanar lo que nos hace falta, y descubrí que lo más curioso es que cuando nos abrimos a encontrar el amor de verdad, una de las primeras tareas que nos llega es sanar el cuerpo físico o a reparar el daño que le hemos causado.

El cuerpo físico es manifestación de lo que está pasando adentro, y por eso esta persona (o esta "lección personificada") viene para que trabajemos algo que podemos ver en la vida real, como para que no nos queden dudas de que hay trabajo interno que hacer.

¿Cómo iniciamos el proceso de manifestar una relación saludable con él, con ella, con otros? Te vas a reír, pero lo primero que hay que trabajar es cualquier asunto que haya con el cuerpo físico. Y no, esto no se trata de estar en forma, sino de atender tus necesidades. Está claro que si no duermes bien, si no te alimentas de forma adecuada o no tomas suficiente agua, será difícil que des tu 100%. Si eres una persona que quiere comerse el mundo, seguramente ya habrás notado que hay ciertos hábitos que te frenan, mientras que cuando cuidas de ti todo sale mejor y tu disposición es receptiva, alegre y atractiva.

No puedes cambiar tu realidad sin energía, tampoco puedes estar totalmente presente en una situación, dando lo mejor de ti, si te sientes incómodo con tu cuerpo, o si sientes retorcijones porque comiste algo que no te cae bien. Imagínate haciendo una presentación en tu empresa y que no puedas ni caminar porque comiste algo que te revuelve por dentro, o que olvides lo más importante del *pitch* de la venta porque no dormiste nada viendo Instagram en tu celular.

Nuestro cuerpo físico es lo primero sobre lo cual tenemos control. Yo sé que much@s acá van a decir: "yo no tengo control sobre mi cuerpo físico", y sé también que hay muchas cosas sobre las cuales no vas tener control, por ejemplo, sobre una explosión de una tubería en tu casa. Pero bajo tu control sí está hacer chequeos, estar pendiente y otras cositas más, así que vamos a estar claros: ¿quién aquí está pendiente por lo menos una vez al mes de llamar al plomero para que revise todas las tuberías de la casa? Eso no pasa, y bueno, si hay algún iluminad@ aquí, envíenos esa buena vibra… pero con el cuerpo sí tenemos que atendernos nosotros y cuidarnos, ya que es el móvil para manifestar lo que deseamos.

Tú sabes que tienes la capacidad de decir: "no, no me voy a comer la séptima galleta", incluso si has estado haciendo ejercicio, porque ahora puedes relacionar ese exceso con dolor o estancamiento. También te puedes decir: "son las nueve de la noche, ya me voy a acostar a dormir para descansar bien" o "sí, voy a pararme temprano para empezar a correr un poquito", sé que lo puedes lograr, porque cuando hay motivación –una semana en Tulum o alguien que te gusta–, lo haces. La cosa es que quiero que aprendas a motivarte tú en vez de hacerlo con luz robada.

Está claro que si no duermes bien, si no te alimentas de forma adecuada o no tomas suficiente agua, será difícil que des tu 100%.

Y much@s van a decir: "¿qué tiene que ver esto con mis relaciones de pareja?", y alguien más va a decir: "porque si no te sientes cómodo, no vas a tener sexo de manera libre", y no, no me refiero a eso. Así como te da pereza ejercitarte o comerte el mundo cuando no has descansado, si estás agotad@ te da pereza ir la extra milla por hacer algo divertido hoy con tu pareja, incluso es difícil estar allí para él o ella, escucharl@ y compartir. Si te sientes mal con tu cuerpo, lógicamente el sexo no lo disfrutas igual, empiezas a proyectar inseguridades, a pensar que él o ella está mirando a otra persona y todo, en realidad, está en tu cabeza.

Es muy importante no sólo querer nuestro cuerpo, sino saber que todo el tiempo está dando todo lo que puede por nosotros. Así que esto va de "sí, Mia, sé que quiero cuidarme más" a "estoy haciendo todo lo que puedo en este momento para iniciar el cambio". Y verás, en el intento de arranque y el inicio, muchas cosas cambiarán en ti.

Si sabes que hay algo del cuerpo físico que quieres sanar o cambiar, no esperes más. Es una inversión importante. Te lo pongo de otra manera. Mi abuela decía: "si la casa está en orden, no te queda sino escucharte y trabajar tu interior". Exactamente, si el cuerpo está mejor, si te estás ordenando para estar bien, lo de adentro no tardará en abrirse e iluminarse para que lo limpies, y el trabajo se hará más fácil. Y aun así vienen lecciones divinas.

Te dejo el ejemplo de mi amiga Cata: ella tenía sobrepeso y decidió operarse el estómago, después de muchas consideraciones (ojo, que de ninguna manera promuevo estas operaciones, pero la historia de ella es linda, y ya vas a entender por qué). Luego de adelgazar bastante con dieta balanceada y de ir al psicólogo, finalmente le dieron permiso para operarse, y en cuestión de dos años consiguió estar en el peso que había deseado.

Cata se dispuso a salir de nuevo, no era cosa fácil, tenía más de nueve años sin salir con nadie, nueve años o más sin que un hombre la tocara de *esa* manera, que le dijera cosas bonitas al oído. Imagínate la situación. Con todas estas herramientas y más (porque con el *team* de mis amigas le teníamos hasta lo que se iba a poner en cada cita), Cata empezó a salir con un chico un poquito pasado de peso, pero encantador encantador. ¿Lo mejor? El chico la adoraba. Cata era una súper estrella para él. Todas dimos el sello de aprobación, pero a los meses, el chico empezó a sentir mucha inseguridad. Decía que Cata salía con puras amigas y gente hermosa, que ella estaba cada vez más linda y que él se sentía muy feo.

Cata empezó una relación con una parte de ella que todavía no había sanado, porque aunque el cuerpo físico había cambiado, parte de su transformación no fue orgánica, aún había que trabajar. Cata pasó por consulta psicológica antes de operarse porque era una condición de la operación, pero al cambio más grande que debía hacerse, el interior, no se le dio mucho cuidado y ahora volvía a la superficie. Verás, el asunto con trabajar el cuerpo físico de manera lenta, segura, balanceada y con consciencia es que te vas creyendo cada parte, cada pequeño cambio.

Si tú logras identificar qué quieres mejorar con relación a lo físico, pero entendiendo a consciencia que esto te va a ayudar a nivel de causa, y te prometes no distraerte con los avances sino tomarlos como una motivación para hacer el trabajo más fuerte y profundo, la transformación será total. No es un cambio de cuerpo, es un cambio de vida. Date cuenta de que tienes más control de lo que crees, y también tienes conocimiento para usar esa fuerza de voluntad sin que te lleve a otro extremo sino para usarlo en equilibrio, que sepas lo importante que es tener tu energía física y tu cuerpo saludable para cualquier cosa, incluso para manifestar una relación.

En cuanto a Cata… Ella entendió eso y retomó el trabajo interno que había dejado a un lado, pudiendo comprender las inseguridades de su novio y ayudándolo con amor. Ahora era parte de su conocimiento cómo amarse más allá de lo físico, porque lo había superado. Esa es la cosa, hay que superar el asunto en lo tangible para llegar a lo invisible y de verdad transformar tu vida. En el momento que escribo este libro, Cata y su gordito (que ya no lo es tanto) están muy felices. Ella está hermosa y no es por el peso, es porque el amor se le sale por los poros y nadie lo puede negar.

Descubre qué debes sanar con respecto a tu cuerpo y mejorar tu relación con él. Visita **www.miastral.com** y descarga gratuitamente los ejercicios correspondientes a este capítulo (ver instrucciones en la página 16).

Lo reconozcas o no, en cada elección demuestras tu VALOR.

-CAPÍTULO 7-

NUESTRAS CREACIONES

Las historias que nos contamos

Playlist sugerido:
Our Creations (Nuestras creaciones),
página: 238

Seguro me has escuchado decir que vemos la vida y la interpretamos a través del lente de nuestra perspectiva. Por eso trabajamos consciencia, porque una vez que cambia esa perspectiva, cambian nuestras interpretaciones y así cambia la vida. Se lee simple pero no lo es, ya que much@s, en aras de hacer trabajo de consciencia, se complican y de hecho empañan su manera de ver la vida.

Debemos buscar guía en alguien que nos ayude y que entienda nuestros patrones, de dónde venimos y qué queremos dejar atrás.

La primera vez que entendí esto fue analizando una relación que para ese momento me era importante.

Te echo el cuento:

Si me sigues en mi página, sabes que Venus retro es algo importante. Se da cada 18-19 meses, así que no es como Mercurio retrógrado, y dura 40-41 días. Cada ocho años Venus retrograda en Aries, y hasta el sol de hoy, he comprobado que es el tránsito que más me lleva a cambiar de todo. Hace dos Venus retros en Aries terminó mi relación con Leo. De él jamás había hablado, ni siquiera en mis artículos *"Stars and the city"* porque hasta la fecha le tengo respeto a la situación.

Como ya te dije, yo tenía la tendencia de "donde pongo el ojo, pongo la bala directa al corazón". Leo siempre estuvo por ahí dando vueltas en mi ciudad como el hombre más *HOT* y más misterioso del mundo. Para mí, él estaba como para poner un afiche suyo en la pared de mi cuarto, pero en verdad era imposible. Aún más, era abogado (carrera que yo estaba cursando) y "era grande", me llevaba algunos años.

Después de una relación terrible, me vi por primera vez en mucho tiempo soltera y haciendo nuevos amigos. Para mí, que soy bastante ermitaña y sólo salgo a situaciones puntuales, salir en lancha un sábado era muy anti-yo. Allí en la lancha estaba uno de los mejores amigos de Leo, pero él no, porque imagínate que si yo no salía… él tenía una baticueva. Pero al día siguiente, tenía una solicitud en mi teléfono para aceptar su PIN (lo sé, mil años luz atrás). Incrédula, y aún con las sábanas pegadas a mi cara, acepté y apareció su foto. Casi me caigo de la cama.

El amigo que estaba el día anterior en la lancha le dio mi PIN. Apenas lo agregué a las ocho y algo de la mañana, me escribió. Tan rápido que ni me dio tiempo de cambiar la foto de perfil a "mira que estoy en mi mejor momento" (los veinte son tan cuchis).

> **Leo:** HOLA (su "hola" era acentuado siempre, hasta en mensaje). ¿Cómo estás? Es Leo, el amigo de Pepe, el hermano de Luis.

> **Yo:** ¡Hola! ¿Qué más?, ¿cómo estás?

(En mi cabeza: OBVIO que sé quién eres, cuándo cumples, cómo hueles y la camisa que usas con más frecuencia en tribunales).

> **Leo (de una):** Muy bien. ¿Qué vas a hacer hoy?

(Jamás habíamos hablado en nuestras vidas, pero Júpiter estaba por entrar a mi ascendente y tocar mi Luna, cosa que normalmente indica que te vas a enamorar… duro… y yo dije "aquí fue").

Yo: Voy al cine con mi tía que está acá por el fin de semana.

(Y era cierto, y tenía que ir sí o sí. Mi tía estaba por decirle a su pareja que se encontraba embarazada y quería distraerse antes de hacerlo).

Leo: ¿Y después?

Yo: La verdad nada.

(Yo pienso: "salgo del cine a las ocho, mañana tengo clases pero a nadie le importa, ¡¡¡es Leo Pitt!!!").

Leo: ¿Te animas a hacer algo? Es la feria (noviembre en mi ciudad), hay varios lugares que se ponen buenos.

(Va, va, va, va, va, va. Me levanto, me alejo del celular, no sigo "en línea" y llamo a mi mejor amiga que obvio no me contesta porque ayer en la lancha ella la pasó muy bien. Pienso: "no, qué va. Es raro que me lleguen a mí. Dicen que intimido a los hombres. Leo debe estar bien seguro de sí mismo").

Yo (en línea): Sí, va. Te escribo cuando salga del cine. ¿Sabes dónde vivo?

Leo: Sí. En tal con tal.

(Ooooooookey. No siento las piernas).

Yo: Dale. Nos vemos en la noche.

Muchos muchos *outfits* debían estudiarse. Mi ciudad es un horno, pero no podía salir demasiado destapada. Este Leo me había gustado muchísimo toda la vida para ser tan *LOUD* como usualmente soy. Primer error, lo sé, pero bueno. Creo que ese domingo floté en una nube todo el día y me fui al cine vestida muy normal. Pensé que me iba a dar tiempo de llegar a mi casa y cambiarme para salir con él. Le escribí que ya había salido cuando ya estaba llegando a mi casa, para que de hecho tuviera tiempo de cambiarme y maquillarme.

> **Yo:** Hey (tono *Felicity*), voy saliendo del cine, te aviso cuando esté lista.

> **Leo:** Ya estoy abajo de tu casa. Noté que la película que viste terminó hace media hora.

(Ahhhhhhhh).

Si sabía dónde vivía, si sabía la hora de la película, obviamente conocía mi carro y no iba a devolverme. Estaba llegando a mi edificio y me vio. Tuve que irme así, vestida normalita y sin maquillaje.

Cuando abrí la puerta vi la sonrisa más hermosa del mundo, los ojos azules más azules y el olor que se salía por la puerta. Entendí: salir con una persona del signo Leo puede ser lo más intoxicante del mundo. Sólo existes tú, y lógicamente tú haces que sólo exista él o ella.

Ese fue el inicio de una relación en la que todos mis conocidos apostaban que él era *The One*. Yo estaba graduándome de abogada, y él tenía buena edad ya. Situaciones como que me cargara cual doncella para que no pisara la grama eran típicas de un romance donde el resto del mundo no existía. En una fiesta nos quedábamos aparte y siempre abrazados hablando hasta que se acabara.

Leo, ascendente Piscis (como yo), Luna en Sagitario encima de mi Sol. Su Urano encima de mi Venus en Escorpio. Oops, eso no lo vi (cuando Urano está cerca de su Luna o de Venus, o encima de tu Luna o Venus en sinastría, así como empieza termina).

Nuestra relación se adelantó los tiempos. Entre mi cumpleaños y las fiestas de Navidad estábamos viviendo juntos y haciendo miles de planes. Debido a mis patrones y a mis constantes peleas entre más enganchados estábamos, la relación terminó cuando empezaba a retrogradar Venus. Aparte un eclipse. Yo sabía que no había vuelta atrás. De repente, no había sol en mi vida. Eso es lo que pasa cuando sales con un Leo, se lleva la luz y después es muy difícil que alguien llegue a lo que Leo dio.

Por primera y única vez en mi vida, no podía pararme de la cama. No podía hacer absolutamente nada. No fui a mi acto de grado. No quería ir a tribunales y verlo, saber que compartíamos el mismo aire, el mismo cielo, la misma ciudad.

Cuando esto nos pasa, hacemos una interpretación de la situación. Es normal. Mi perspectiva fue: "él me abandonó". Claro, en ese momento no lo sabía, y tampoco lo formulé así conscientemente. Fueron más de seis meses tratando de entender, y allí fue cuando empecé a estudiar astrología en serio sobre la base que ya tenía. Necesitaba una respuesta.

A Leo se lo tragó la faz de la Tierra, y yo tuve toda la intención de no estar en la misma ciudad que él y no tenerlo cerca, me fui a vivir a otra ciudad. No fue por la situación del país, no fue por nada más, sino por darle un final a una situación que me seguía doliendo mucho y, en verdad, me dolía por la perspectiva que tenía del asunto.

Ya viviendo acá en Miami, me tocó ir a mi ciudad por trabajo. Subí una foto en Facebook y Leo se enteró de que estaba allí. Me escribió a mi correo y me dijo: "tenemos que vernos". Dios mío. La crisis de los 26. Yo ya tenía novio en Miami. Pero sí. Claro que sí.

La secuencia fue igual que la primera vez. Supo que me estaba quedando en casa de Chloe y me fue a buscar después de que yo terminara de trabajar. La conversación fue muy *light*. Era él, olía como él, se reía como él. Él, él, él, él. No podía estar más incómoda, pero igual mi cabeza decía que tenía que entender, mi corazón decía "¿por qué te haces esto?", y mi cuerpo… ni hablar de mi cuerpo.

Fuimos a cenar, luego a una fiesta y allí éramos nosotros, en el sentido de que podíamos cortar el año que había pasado y decir que jamás nos habíamos separado. Allí me dijo: "si estás, estamos".

Agarrados de la mano nos fuimos a una esquina de la fiesta a ser "nosotros", nadie más existía.

Igual, yo me iba al día siguiente. *Expidating*, expidolor y una conclusión.

A las cuatro de la mañana (yo tenía que estar a las siete en el aeropuerto) fuimos a la baticueva. Yo pensaba que todo lo bueno iba a pasar, pero me mostró miles de cartas que me había escrito pero no entregado, un *playlist* con nuestras canciones y otro con canciones que iba conociendo y que pensaba que podrían gustarme.

> **Leo:** ¿Por qué no luchaste por nosotros?

(Dios mío. Óiganlo. ¿Será que puedo grabarlo?).

> **Yo:** Pensé que ya no había más nada por qué luchar. ¿Por qué no luchaste tú?

> **Leo:** Luché desde el primer día. Tú no eres una persona fácil, eres muy compleja y yo lo sabía. Luché con tus miedos, con tus peleas, pero ya no podía más. Tú podías luchar. La lucha no es sólo cuando hay problemas, es también cuando por amor las personas se ayudan a cambiar.

El resto es historia. Ya no tenía ganas de llorar, ya tampoco sentía amor. Sentía compasión por él, por mí, por mi visión, por entender que aún no había trabajado la situación "de abandono" con mi mamá, que después de diez años entendí que tampoco fue abandono.

Allí fue cuando mi perspectiva empezó a cambiar, me di cuenta de que yo había escogido la interpretación más fácil según mis patrones, pero más difícil para mí. No me estaba haciendo ningún bien al escoger la visión de abandono, cuando había mucho más. Si yo hubiera conversado de esto con alguien en ese momento, si lo hubiera escrito o hecho una lista de todas las situaciones en las que me sentía "abandonada", me habría dado cuenta de que era una creación, porque con la palabra "abandono" ya la mente se me va a la referencia de "la madre que no estuvo", e incluso era la palabra que usaba para otras situaciones más leves.

Cuando terminé con Leo también entendí que mantenerme triste y molesta era la única manera de seguir conectada a él, al estilo "ya verás el karma Leo, ya verás". Qué desgaste de energía. Qué desgaste de relación. Igual, si no hubiera terminado, no me habría ido, no estaría donde estoy, y la verdad no cambiaría nada de lo que pasó.

Ahora hablemos de ti.

Sé que si te das un momento y observas las interpretaciones que has dado a ciertas relaciones, sea en su final o en una situación específica, te darás cuenta de si estabas escogiendo la interpretación más pesimista o más idealista. Porque se trata de llegar a tener una perspectiva balanceada, y sé que con el trabajo de consciencia que has estado haciendo y con lo que has leído acá puedes ser un poco más objetiv@.

Si quieres, toma una situación en específico y escríbela. En serio, cuando escribimos algo, activamos una parte de nuestro cerebro que no se activa cuando sólo lo pensamos, y así podrás darle un poco más de estructura. Escribirás y saldrán de ti palabras claves y frases que, cuando te leas, te van a ayudar a entender si tenías una creación exagerada o si más bien estabas dando mucha cancha a una situación desbalanceada.

Te doy un ejemplo: cuando Aniella nos cuenta de su relación tormentosa con Scott, siempre la deja "plantada". De verdad, no puede ser posible que siempre siempre siempre la deje plantada, y nos dimos cuenta en una char-la tomándonos un café.

Cata: Aniella, cuéntales lo que me contaste a mí.

(Aniella mira a Cata con ojos que penetran).

Aniella: Bueno, el viernes Scott me llamó (ya acá no son novios, sino que están en un limbo) para ir ayer sábado a cenar. Yo le dije que le avisaba. El sábado me fui a la peluquería, me maquillé, me vestí y le escribí a ver qué onda, y Scott me dijo que, como nunca le avisé, él pensó que le estaba sacando el cuerpo (cosa que Aniella tiende a hacer mucho con él desde que están en el limbo), pero que bueno, que ya salía a buscarme.

Chloe: A ver, ¿quedaron el viernes?

Aniella: Yo le dije que le avisaba.

Chloe: Le avisaste el sábado.

Aniella: No, pero él debería estar al pie del cañón si ya me invitó.

Yo: ¿Dónde está mi bolita mágica?

Chloe: Pero nunca le avisaste…

Aniella: No, pero una vez más me siento plantada.

Chloe: Momento en el tiempo. No se concretó el plan, así que él tampoco sabía.

(… y, créanme, Chloe detesta a Scott como los niños al brócoli).

(Aniella empieza a llorar).

Aniella: Sé que me creo unas expectativas y que espero lo que ni siquiera sé pedir.

(Etcétera, etcétera, etcétera).

Otro día, quedamos todas en dejar a los chicos, novios, esposos y limbos a un lado y salir el viernes por la noche. Al final de ese día, de verdad estábamos cansadas de la semana, de todo, y una a una empezamos a decir que como que mejor no. Aniella se molestó con todas y dijo en el grupo de WhatsApp: "me siento plantada".

Más adelante, Aniella conoció a Estrellita (la analista de todas) y le resaltó que siempre usaba esa frase y que sí, es real que Scott se ha ganado su fama, pero que es su perspectiva la que ve las cosas así. Podría decir "en espera", pero dice PLANTADA, una flor bella, plantada sin moverse.

Si vemos la relación entre Aniella y Scott años atrás, ella paró muchas cosas para ajustarse a él. Él siempre ha hecho sus planes, sus viajes, sus posgrados y más. Ella misma se plantó para ver si florecía junto a él. El resto es más terapia, análisis e historias, pero quiero que notes cómo prestar atención a la forma en que hablamos y construimos nuestros relatos paga en grande.

Aniella, aún en el limbo, ha empezado a hacer su vida. No se deja plantada. Muchas cosas en su vida han cambiado para bien. En cuanto a Scott, me quedan muchos capítulos y muchas historias, así que bueno.

Y en cuanto a mí, unos nueve años después de Leo inicié mi relación con Escorpio y pasó exactamente lo mismo. Él luchó desde el inicio, yo sin darme cuenta luché por mi libertad y él no pudo más. Esa vez no lo vi como un abandono, supe que yo lo había abandonado desde la primera vez que no luché, aunque bien claro me lo pidió. Pero tranquil@, que a todos nos llega un *breaking point* y a eso voy más adelante.

Por ahora, ¿vamos por más?

¿Recuerdas que lecciones atrás explicaba que intentamos llamar la atención de uno de nuestros padres y sin darnos cuenta tomamos *tips* del otro padre? Acá te tengo otra historia, para que entiendas que, aunque estemos grandes y nos contemos cuentos, estos tienen una base referencial en la niñez siempre.

Mira, uno se condiciona muchísimo en esto de los primeros amores, así que presta atención: ya sabes que mi mamá me tuvo muy joven y que se vino a Estados Unidos a terminar su bachillerato y universidad. Mis abuelos maternos decidieron llevarme de vuelta a Venezuela y criarme, porque mi mamá no podía sola. Algo que me decían mucho cuando preguntaba por ella era que mi mamá era una estudiante de puras "A", que era *summa cum laude*, que era increíble, etcétera. Yo logré lo mismo, inspirada en esas historias.

Ya más grande le pregunté a mi mamá sobre esa época, para enterarme de que era una estudiante regular y que, en verdad, nunca le gustó mucho estudiar. Pero lo importante acá no es eso, sino cómo nos hacemos creaciones que nos condicionan y nunca cuestionamos si nos hacen bien o no.

Quiero que entiendas que todos nos cableamos de cierta forma. Si desde joven te decían: "¡qué buen@ eres!", tú vas a trabajar eso; o si te decían: "¡ay, no!, ese estilo de pelo te queda horrible", nunca más lo vas a usar así. Entonces, así como nos programamos cuando estábamos inconscientes, en la infancia, podemos cablearnos ahora para ser de otra forma, pero ¿qué pasa? Cuesta un poco verse desde afuera, reconocerse atributos importantes y sanar los que supuestamente no son tan buenos.

Por ejemplo, algo que a mí siempre me decían era: "qué chiquita, qué bajita, qué pequeñita, pero es que nada te queda", y así. Entonces hay un momento en el que estás en el *dating scene* (ámbito de salidas) y dices, por ejemplo: "si yo fuera alta como una modelo de Victoria's Secret… "(yo aquí soñando), pero bueno, no es así, y ahora en vez de tomármelo como algo negativo, lo veo como algo súper lindo.

Y pasa también con ideas preconcebidas y hasta con la astrología: soy latina, así que soy de cierta manera; soy Sagitario, así que todo lo que como se me va a las caderas. ¿Ves? Así como hay creaciones difíciles de descifrar (como la de "estoy plantada"), también hay otras más simples pero que no nos cuestionamos, como estas que menciono acá. Nótalo.

Ahora te toca a ti: ¿te atreves a escribir, hablar, grabarte y entender que tú tienes las claves? Puede que tome tiempo, pero sé que te va a ayudar un montón. Pon en práctica esta técnica o herramienta para trabajar tus problemas o situaciones difíciles, escribe o grábate, y, lo más importante, luego léete o escúchate y podrás visualizar las cosas de una manera distinta. Después, si lo deseas, puedes llevar tus notas o descubrimientos con tu *coach* o psicólogo para profundizar aún más.

Toma también en cuenta que así como te creaste unas historias que te limitan, puedes crear historias o verdades basadas en una nueva perspectiva que te hacen bien. ¿Empezamos?

Go!

 ¿Cuáles son las historias que te has creado y que no pertenecen a quien eres hoy? Reconócelas y cámbialas. Visita **www.miastral.com** y descarga gratuitamente los ejercicios correspondientes a este capítulo (ver instrucciones en la página 16) .

CAMBIAR DE consciencia es cambiar DE destino.

-CAPÍTULO 8-

LA VIDA TE DA SORPRESAS

El punto de quiebre

Playlist sugerido:
The Breaking Point (El punto de quiebre),
página: 239

Cuando no trabajas tus patrones a un nivel profundo, sino que arreglas lo externo, creas una y otra vez las mismas situaciones, pero te dices que no porque hay otros personajes o estás más grande o en otra ciudad. Sin embargo, al caer en el mismo lugar tienes que preguntarte si por ahí hay un gozo no reconocido, pues todo lo que hacemos, lo hacemos por una razón, y el patrón que genera la situación sigue allí, no lo has tocado ni has dejado que lo toquen.

En el capítulo anterior conté cómo la historia de Leo y la de Escorpio son increíblemente similares. Había una repetición, y eso tenía que estudiarlo.

Pero antes de seguir hablando de mí, te quiero contar la historia de Joaquín. Él es Escorpio y existe, pero no es *mi* Escorpio. Creo que debes saber su signo para entender la situación. Joaquín es guapo, del 1 al 10, un 9; es inteligente, del 1 al 10, un 8, y es Escorpio, del 1 al 10, un 30. Dice las cosas como son, es muy transparente. Como la mayoría de los Escorpio, se enamoró una vez muy fuerte y quedó marcado. Después de eso ha tenido aventuras y otras historias, pero era claro que necesitaba sanar ese gran amor que había tenido antes de embarcarse en algo más.

El gran amor de Joaquín fue su mamá y la perdió bastante joven. Después de eso, buscaba la energía femenina en todas partes, teniendo muchas amigas (al punto de hacerse muy amigo de las amigas de su hermana mayor) y luego haciéndose un gran conquistador. A sus 25 se enamoró otra vez. Todos se imaginaban a Joaquín con una mujer despampanante, pero él se enamoró de una artista con un *edge* intenso. De físico no era la más bonita, pero sí era muy interesante y lo entendía muy bien. A los ojos de Joaquín, ella era la candidata para casarse, pero aunque se fue a estudiar a otro país, sus hábitos lo acompañaron. La sensación de que "la mujer no está" desató varias cosas (de vuelta a su mamá y a ser incapaz de sostener el vacío de no estar atendido). Joaquín le propuso matrimonio a la artista y ella dijo que no. Una vez más, su corazón estaba roto. No hay culpas. Él no había trabajado sus patrones, ella lo sabía muy bien y no podía obligarlo a hacerlo.

Joaquín siguió con su vida. No le era difícil conseguir compañía y no desperdiciaba oportunidades. A sus 29 empezó una relación a distancia. Para este punto no sólo era claro que la distancia le equivalía a falta de atención y todo lo que eso conllevaba. Además, él mismo decía que no era algo importante en realidad, porque él era muy mayor para ella.

Pero la vida te da sorpresas.

A los dos años de relación, la chica ya tenía una vida paralela.

La primera reacción de nosotras, las amigas, fue: bueno, él es mentiroso y se encontró con su espejo, una mentirosa. Pero esta es una perspectiva muy superficial. Joaquín se enteró de todo a través de sus amigos, y ya sabes que el ego del hombre es lo mismo que la autoestima para una mujer, así que ahí mismo lo rompió porque la cosa ya era muy pública.

Joaquín estaba muy afectado, pero no era una cuestión de amor, era una cuestión de "cómo no me di cuenta" (directo al ego)… porque lastimosamente mucha gente sabía. Ahora teníamos a Joaquín, empresario, inversionista, profesional, educado, guapo y codiciado, temblando por la persona que menos esperaba que lo iba a traicionar.

Esto lo llevó a su *breaking point* (punto de quiebre). Vale decir que en menos de dos meses le pasaron varias cosas juntas que sumaron un despertar de "la cosa tiene que cambiar". En verdad, y en palabras de Chloe, "él, que pensó que se las sabía todas, no había tomado la lección más importante: cambiar la idea de que la mujer nunca está". Joaquín empezó a trabajar en él, principalmente, para no volver a iniciar una aventura o una relación de inmediato, y se cuestionó mucho qué estaba haciendo o pasando para haber manifestado algo así. Esas fueron sus palabras cuando me lo contó. Historia real.

Yo también tuve un punto de quiebre. Después de separarme de El Extranjero, mi sueño más grande era poder recibir mi residencia y viajar a promover mi trabajo. Luego de un proceso legal estancado por dos años, finalmente el documento salió y, dos meses después de mudarme sola, mi mánager armó unos viajes y presentaciones *flash*. De septiembre a diciembre no paré de viajar, salió mi tercera agenda y mi primer libro. Estaba encantada, tenía todo lo que quería… o así lo creía yo.

El 4 de diciembre, al final de mi viaje por México, fui a la boda de una amiga. Una chica y yo éramos las únicas solteras de la fiesta. La ceremonia estuvo increíble, no podíamos parar de llorar de la emoción. Luego empezó la recepción, todo estaba muy lindo, sólo que la comida en esa parte de México es muy rara para mí (dile no a los chapulines). Tuve mucho cuidado con lo que comí, pero aun así empecé a sentirme mal, tuve que irme a urgencias en una ambulancia y quedé hospitalizada. Ni bailé en la boda.

Al día siguiente, con o sin suero, salía mi vuelo al DF y de allí la conexión a Miami. No sé cómo, pero volví a casa. Llegué un lunes y tenía muchos mensajes y correos de "¡Felicidades! Lo estás logrando, te vemos súper feliz en las fotos y presentaciones", etcétera. El martes en la mañana llamé a Chloe, quien ni me dijo "hola", sino "¿qué dice la casi cumpleañera exitosa?", y rompí a llorar. Pero tenía todo, ¿no?

Reconocer el punto de quiebre es importante,
y hay cierto disfrute (son mis planetas en mi
casa Escorpio hablando) en saber que se está
rompiendo una cáscara y que no vas a ser el
mismo o la misma de antes.

Había trabajado tanto por "todo", pero la verdad es que me sentía muy sola. Mis necesidades habían cambiado, quería enamorarme, quería estar en mi estado más creativo gracias a la vida, no a un reconocimiento. Trabajar tanto… ¿para qué? Había crecido hasta un punto en el que estaba realizada profesionalmente y mi alma me pedía conexión, entendía que era momento de compartir y crecer de a dos, no podía parar de llorar. No fueron los chapulines los que me mandaron a la clínica, fue el *shock* emocional de algo que no podía seguir negando.

Era tan feo el dolor que le dije a Chloe: "¿será que hice mal dejando a El Extranjero? Quizá sí…". "No, Mia", dijo Chloe. "Tú sabes que él no era para ti, tú sabes que eso había muerto antes de que te fueras. Saliste de ahí con convicción y la vida te va a recompensar".

Del 6 al 12 de diciembre, fecha de mi cumpleaños, seguía mala del estómago y muy triste. De hecho, creo que ha sido el único cumpleaños triste que he tenido. Algunos meses después, Chloe se comprometió para casarse. Yo no podía estar más feliz, pero la idea de ir a un matrimonio, y todo lo que implicaba, me revolvía por dentro. Las cosas tenían que cambiar.

Inicié los Climas Astrológicos. Cada día hacía algo nuevo para crear nuevos caminos neuronales, empecé a aceptar tener citas con chicos diferentes a los que pensaba que eran mi tipo, comencé a meditar todas las madrugadas, terminé de dejar la proteína animal y así, y así. Llegó la boda de Chloe. Fui sola y me encontré con mi mejor amigo de toda la vida, el famoso Escorpio. Él no me daba ni frío ni calor y no pasó nada raro, pero igual no nos soltamos en toda la noche. Fue una de las mejores fiestas a las que he ido en mi vida. La pasamos genial. Fue una semana inolvidable. No tuve retorcijones, no terminé en urgencias, nada. Muchas cosas habían cambiado y seguían haciéndolo, y yo no tenía idea de que Escorpio terminaría siendo mi novio. Y sí, mi punto de quiebre se dio por partes, pero se dio.

Cuando finalmente acepté estar con él y me habló de compromiso la primera vez, me pasó exactamente lo mismo que en el matrimonio en DF: estuve casi hospitalizada, tuve que tomar suero… no me podía parar. Algunas estructuras continuaban rompiéndose.

A todos nos llega el punto de quiebre. A algunos de golpe, a otros, que nos contenemos más, de a poquito. Y no hay un solo punto de quiebre en la vida, tenemos varios. Siempre habrá cambios y tenemos que estar dispuestos a fluir con ellos.

Reconocer el punto de quiebre es importante, y hay cierto disfrute (son mis planetas en mi casa Escorpio hablando) en saber que se está rompiendo una cáscara y que no vas a ser el mismo o la misma de antes. En saber que tu deseo está derrumbando viejas estructuras, viejas ficciones, en saber que TODO lo que de verdad deseas sentir está al otro lado de esta explosión, y que esta experiencia humana vale la pena.

Reconoce tu punto de quiebre y empieza a fluir con el cambio que ya pide tu vida. Visita **www.miastral.com** y descarga gratuitamente los ejercicios correspondientes a este capítulo (ver instrucciones en la página 16).

El DOLOR que sentimos que nos destruye nos da paso a lo que nos hace sentir vivas.

-CAPÍTULO 9-

¿SOMOS *COUGARS*?

Babe, oh, babe

Playlist sugerido:
I Adore You (Te adoro),
página: 240

Nota: Este capítulo está dedicado especialmente a las chicas...

Cougar /ˈkuːɡə(r)/ *sustantivo*

Entiéndase como la mujer mayor que sale con chicos menores y "chupa" su juventud.

¿Será que ya hemos llegado a esa edad en la que podemos ser consideradas *cougars*? Pareciera que siempre pudiéramos estar en esa "edad", pero nada como el momento en el que nos damos cuenta de que efectivamente estamos metidas en una situación *cougarística*. Y aunque podría parecer que somos nosotras quienes estamos absorbiendo la energía del otro, sin darnos cuenta podemos estarnos exponiendo a una nueva "raza", *ese* hombre menor que se las sabe todas y en cualquier momento puede darnos la vuelta.

Te cuento esta historia:

Tenía yo bastante tiempo trabajando en el final con Escorpio, muy consciente de mis patrones, y ya había salido en citas casuales con Tauro. Pero nos sucede a las personas que tenemos a Plutón fuerte en la carta, que con cada paso que damos adelante en medio de un proceso, ya no queremos mirar atrás. Y sin embargo Tauro representaba para mí un recuerdo del tiempo de ruptura.

Estaba yo muy inocente en una reunión y había varios amigos de amigos que yo no conocía. Mi casa 11 del ambiente social estaba estallando, pero yo no le estaba prestando atención porque lo único que veía era un montón de retrógrados venir y continuaba en mi resistencia a seguir dándole vueltas a lo que pasó.

Estaba además en un reto con mi mejor amiga de no tomar alcohol o consumir azúcar por mes y medio, así que me encontraba bastante consciente de mis movidas, nada adormecida, muy enfocada.

Josh (a quien llamaremos BabyB): Hola, mucho gusto. Soy Josh, amigo de X. Qué bueno conocerte.

(En mi cabeza: ¿de dónde salió este bebé?)

Yo: Mia, mucho gusto.

BabyB: Sí, lo sé. Me encanta lo que escribes.

(Dios mío, ¿qué he escrito últimamente?)

Yo: Ah, súper.

BabyB: Soy del 7 de noviembre.

(Sonido *scratch* de disco de vinilo, uñas en pizarrón y mi mirada buscando el vino más cercano).

… y nací a las 10:45 a.m.

(Noooooo. Ascendente *Caprihorny*. ¿Dónde, dónde está el vino?).

… soy abogado.

(*Kill me, kill me now*).

… me encanta cuando usas términos de abogada en tus audios.

(No, ya, basta. Me voy).

Juro que vi todos mis patrones en una persona, sólo que tenía tres años menos que yo y, bueno… antes de seguir tendré que retroceder y contarte mi primera experiencia de *cougar* para que entiendas por qué sentí que tenía un mono en la espalda riéndose de mí.

De adolescente tuve un novio con el que duré 11 años. Éramos mejores amigos, de esos que crecen juntos. He hablado de él en mi página como *The Hulk*, una mezcla Piscis-Aries que en un momento era súper dulce y al siguiente segundo podía ser un monstruo verde con problemas de ira. Tan lindo… bueno, eso es el pasado, pero el hecho es que cuando yo tenía 21, estaba recién graduada de la facultad y lo próximo era que diéramos el siguiente paso, pero él decidió volverse dj, y eso para mí fue como el *scratch* de disco de vinilo de mi alma. *Bye bye*!

Después de eso quedé muy joven y libre para conocer a más gente. Yo vivía en una pequeñísima ciudad donde si tienes años con alguien, prácticamente te ven como de su propiedad y ningún amigo te invita a salir (y en esa ciudad TODO el mundo se conoce). Pero rato después me encontré con mi primer Escorpio *ever*. Como no era de la edad de mi grupo o de mi ex, él no estaba enterado de la situación, de los 11 años de relación y bueno, de nada… era un bebé.

Yo tenía 21 y él 19, lo vi en un club y le dije a la que era mi mejor amiga en ese momento: "esa mirada es Escorpio, apostemos". Atravesé el salón y le dije: "apuesto que naciste en noviembre", él dijo: "¡sí!, soy del 15 de noviembre". Eso fue todo. Hablamos un rato y tenía tema de conversación, como todo Escorpio, con ellos puedes llegar a temas profundos incluso en un lugar donde el resto de la gente está bailando. El chico trabajaba con su familia, tenía los pies en la tierra, pero 19 son 19 y a mí siempre me han gustado mayores que yo y un poco más "artísticos" que trabajadores ejecutivos (sobre todo en ese momento del clímax de mi ascendente Piscis). Me invitó a salir y le dije que no mil veces. Pero un día estaba sin mucho que hacer, accedí y la pasé genial. Al llevarme a mi casa me dijo: "nadie te va a querer como yo te voy a querer", y me reí en su cara. ¿Qué se creía este cigoto?

Contar el resto de la historia es perder el tiempo, porque esa causa prescribió, pero aprendí muchísimo. Fue la primera vez que sentí la energía Escorpio, mi stellium en ese signo, y sí, jamás había visto una entrega similar, pero eso también vino con una fijación y una orden de restricción después.

De cualquier manera, volviendo a la reunión de amigos...

BabyB era una mezcla entre ese niño de mis 21 y el ex Escorpio que estaba recién dejando atrás, pero pensé que no nos haría mal hablar, y que este, aunque apenas tenía 30 años, estaba muy muy muy ubicado. Conversar con él y que no tuviera que explicarle nada porque me agarraba la idea de una era realmente refrescante.

Así empezó uno de los coqueteos más adultos que he tenido. El nivel de cortejo era 1A, además había respeto y admiración... estaba bastante bueno.

Claudine, una amiga que estaba saliendo con un chico de 26 se dio cuenta y me dijo: "¿qué tal BabyB?".

Días después del evento Claudine y yo salimos a almorzar y entre risa y risa hicimos una lista de los beneficios de salir con chicos menores que nosotras, digamos que estén entre los 20 y los 35. Claudine estaba antes casada con un hombre de casi 50 y mi ex tenía 38, pero era como de 30, emocionalmente hablando. O esa es la conclusión a la que había podido llegar.

Entre lo conversado con Claudine y lo experimentado tengo varias observaciones sobre los *babes*, esos "niños" de ahora. Te dejo algunas...

Observaciones sobre los *babes*

1. Están más en contacto con su lado femenino que los de nuestra generación a esa edad.
2. Tienen mejores hábitos que los de nuestra generación.

Entre ellos, pararse temprano, ir a entrenar, comer de manera consciente, dormir lo que se debe, ponerse el magnesio en las noches... nada es raro para ellos, de hecho, te ponen al día y todo.

3. Tienen muchísima energía. Las mujeres usamos mejor nuestra energía a los treinta que a los veinte, época en la que sí teníamos energía pero estaba muy dispersa. Estos niños derrochan energía para hacer todo lo que queramos... y más.

4. A su edad ya tienen proyectos y cosas que querían y que manifestaron, lo que las personas de nuestra generación aún están intentando hacer.

5. Alcemos las manos por su espíritu emprendedor. *Yes, yes, yes.*

6. Son los jefes en *t-shirt* y *jeans* que tienen hombres de traje en nómina. El mundo es de los jóvenes y sus ideas. Es la verdad.

7. "Vamos a X concierto", "vamos a probar X cosa"... sí, sí y sí. Cero complicaciones u obstáculos.

8. Cuando se ponen niños, puedes ver a través de sus patrones.

9. Puede que se pongan muy fáciles y te aburras, o que te asombren y te den la vuelta. Son impredecibles.

10. No se sienten amenazados por tu éxito.

Pero hay algo..., algo que los *babes* no tienen: *the moves* (las movidas).

Si estás saliendo con uno, te dejo por aquí una guía de preguntas para hacerte:

1. ¿Entiende él realmente todos estos sueños por los que yo estoy trabajando?

2. ¿Entiendo yo sus sueños, que por la mayoría ya pasé hace un rato?

3. ¿Siento que debo estar más joven que nunca o me relajo siendo YO?

4. ¿Tiene actitudes de niño que me fastidian?

5. ¿Me siento celosa de sus amigas o de las niñas de veintitantos?

6. ¿Realmente ME VE o soy como una ambición más? (Muchos nos ven hechas y derechas, con mucho *mojo* y energía, y se sienten orgullosos de la conquista. Sucede. Igual como cuando un hombre de cincuenta y tantos sale con una chica de veintitantos).

7. ¿Hay dinámica mamá-hijo? ¿Me entran ganas de cuidarlo y mimarlo tipo bebé?

8. ¿Me pide permiso para hacer ciertas cosas?

9. En reuniones con "su gente", ¿me siento fuera de sitio?

Claudine estaba muy feliz con su niño de 26. Estaba yendo hacia un lugar. Esto lo marca mucho la mujer de nuestra edad, es decir, nosotras y nuestro comportamiento. Tenemos más fuerza de voluntad para mantenernos en nuestro sitio que las chicas que ellos conocen, sabemos lo que valemos y eso es buena base para tomar decisiones en las relaciones. Claudine de verdad estaba consciente de todo esto, de lo que aprendió antes, y estaba relajada, feliz. Repito: tenía acción, dirección y se dirigía a un lugar que estaba planificando en su mente. El niño iba de la mano caminando, y no, eso no quiere decir que jamás le haya salido con algún comportamiento de su edad, porque hasta la fecha aún hay cosas por acá o por allá que trae Claudine a los almuerzos para discutir y evaluar. Pero está disfrutando el proceso.

Yo, por mi parte, vi mis patrones cuando conocí a BabyB. En un par de meses él ya tenía unos planes locos. Apenas habló de mudanza sentí el *scratch* en el disco de vinilo. (Esto no es conmigo, hijo. Múdese por usted, con usted y como usted quiera).

Le conté a Chloe. Ella sabía todo sobre BabyB, la situación, mis circunstancias pasadas, etcétera.

Como ya me había sucedido (o, mejor dicho, como ya había manifestado antes), él y yo pasamos de 1 a 100 en un minuto. Con Escorpio no supe decir que no, que no podía con lo que estábamos manifestando. Soy del tipo de personas que, bueno, algo me da miedo y voy igual, lo que ha sido positivo en cuestiones de crecimiento, trabajo y reconvención, pero fatal en relaciones. Esta vez tenía que hacerlo diferente. Tenía que escuchar mi intuición.

Chloe: Tienes que decirle. Ese hombre se está mudando. Dile que no quieres. Dile que están bien así, o si no estás bien así, ya sabes.

Yo: ¿Cómo le digo muy cuchi pero no cuchi? Yo le canté mil veces *Despacito*. ¿Por qué no agarró la pista? Yo me lo dije mil veces… si esto va a ser algo, me lo puedo tomar con calma.

Y no, no quería que se terminara el tema con BabyB. La estaba pasando muy bien, pero seguir era muy egoísta de mi parte, porque yo no me veía con él a largo plazo, a pesar de que tiene mucho de lo que uno puede querer en alguien serio.

… No, no quería el mismo patrón, y creía que lo mejor era que él se emocionara con alguien que se emocionara con él de verdad, y yo quería a alguien que fuera lo suficientemente fuerte para entender mis sueños.

Recordemos que para que una relación se dé y tenga potencial deben presentarse tres cosas:

1. **Compatibilidad.** Intereses en común y al menos ganas similares de crecimiento consciente.

2. **Química.** Porque sin eso… ¿qué?

3. *Timing* (el momento correcto). Y aquí la cosa se pone *tricky*. Sé que si hubiera conocido a Josh un poco más adelante en el proceso del trabajo de mis patrones, quizá sería para mí el tipazo que es. Así que, por ahí, no era el momento. Estaba apenas levantándome, despertando y cuidando de mí, cosa que es normal. Pero ajá, igual era la persona perfecta, en el momento que debía ser, con la energía ideal que hacía *match* con la mía en ese instante. Él tenía tantas ganas de dar, de hacerme sentir bien, de superarse a todo nivel y tener qué ofrecer… pero yo también le di lo que necesitaba en ese momento de su vida y trabajamos juntos en patrones

emocionales de enlace en los cuales sacó 20 puntos. Y sé que al final los dos quedamos bien con lo que nos dimos.

Esta vez no accedí a los planes acelerados, no me desaparecí ni lo traté mal para que me dejara o llegáramos a una crisis. Fue uno de los finales más antifinales del mundo, al menos para mí. Recuerdo cuando me dijo: "no me subestimes. La vida te da sorpresas", y sí que me las dio... en el buen sentido. Allí dije adiós a varios patrones limitantes que tenía.

Agradezco de corazón que con BabyB entendí que podía volver a sentirme feliz, encantada, tener esas conversaciones de toda la noche, hacer planes que logramos concretar y disfrutar. Si bien no creo que un clavo saque otro clavo –yo esperé mi tiempo, trabajé en mí después de Escorpio–, BabyB fue la mejor experiencia post mala ruptura. Me hizo sentir que todo lo duro que fue terminar con Escorpio había sido pequeño, había pasado hace mil años, y que claro que uno se puede volver a encender con besos y miradas. Más y mejor.

Pero la lección en todo esto no es sólo sobre los *babes*. La lección también está en observar el contraste en las relaciones y usarlo para entender quién es uno, lo que uno quiere, e identificar cuándo estamos cayendo otra vez en nuestros patrones. No hay reglas en las relaciones, tampoco valen las expectativas buenas o malas que tengas de alguien que conozcas. La vida realmente te puede sorprender.

Y de pronto, allá afuera, está un chico increíble en sus veinte, disponible para que lo disfrutes, y que además ya sabe bien cómo aprovechar su retorno de Saturno*.

ENJOY.

Reafirma quien eres hoy y honra el camino que se abre hacia quien quieres ser mañana. Visita **www.miastral.com** y descarga gratuitamente los ejercicios correspondientes a este capítulo (ver instrucciones en la página 16).

---

* Según los ciclos astrológicos, el retorno de Saturno es un periodo que va de los 28 a los 30 años, en el que se derrumban las estructuras que nos sostuvieron durante la priemra etapa de la vida.

En la aceptación DEL MOMENTO presente conectamos CON EL AMOR PROPIO.

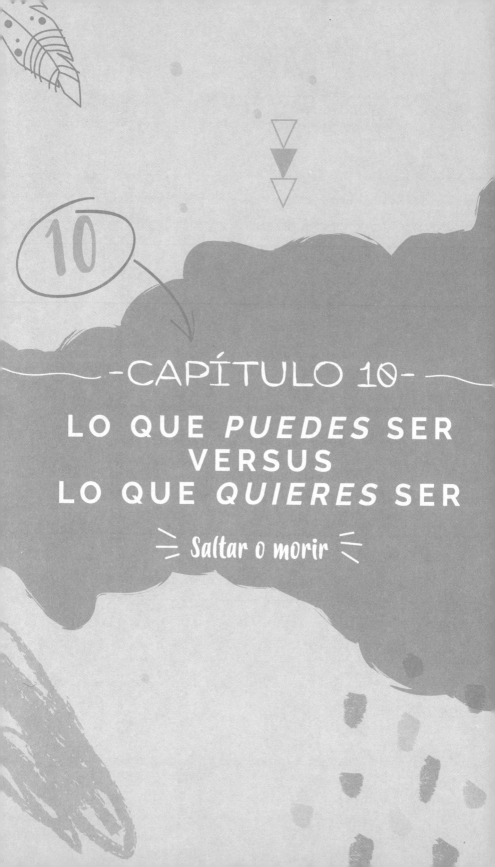

-CAPÍTULO 10-

LO QUE *PUEDES* SER VERSUS LO QUE *QUIERES* SER

Saltar o morir

Playlist sugerido:
Never Ever Too Late (Nunca nunca es demasiado tarde),
página: 241

Esta es la historia de Ona, una mujer de 33 años que está recién divorciada después de tener una relación por 13 años... Sí, se casó muy joven, pero ese no es el centro del asunto. El hecho es que después de un divorcio muy difícil saltó a una relación en poco tiempo y nunca se dio el chance de procesar la separación, hacer trabajo interno y actualizarse.

No tardó mucho para que los mismos problemas que tenía con el esposo, los tuviera con el nuevo chico, y no sólo se puede pensar que escogió al mismo tipo de hombre, se trataba, más bien, de que su perspectiva era la misma.

Al pasar por una situación de divorcio o mudanza, al vernos haciendo tantas cosas en el mundo material, asumimos que el cambio se está dando, y es así. Pero ya va, el cambio que ves afuera viene de un cambio que se estaba gestando adentro hace tiempo. Las transformaciones que siguen a las que ves hoy deben empezar a gestarse también interiormente al terminar una etapa.

Ona acabó su matrimonio, entre otras cosas, porque sentía que no podía ser ella. Pero aun así, luchó mucho –con ella y con todo– para ser cada vez mejor. Se fue de la relación para descubrirse, pero resulta que su "li-

Hasta que entiendas que el cambio es una puerta que se abre desde adentro y que tú tienes la llave, serás todo lo que *puedes* ser.

beración" no dependía del exmarido, sino de ella misma y del respeto a su proceso.

También te cuento la historia de María Claudia, que a sus 35 años se divorció después de tres años de matrimonio, pero fueron siete años más los que ella se identificó con la identidad de "divorciada", y por eso tampoco estaba trabajando en ser todo lo que quería ser y hacer, sino en todo lo que "uno puede hacer cuando está divorciada a esta edad".

Titi (otra historia) salió embarazada muy joven, se casó, y cuando la nena tenía dos años, se divorció. A sus 24 años ya tenía una niña de siete y, según ella, por tener ya una hija tan joven, debía conformarse con cierto trato y con cierto tipo de hombre, porque no se consideraba digna de algo especial.

Te cuento estas historias para que entiendas que todo esto está en nuestras cabezas. Nos identificamos con nuestros retos por más tiempo del necesario, fallamos en actualizarnos y sin darnos cuenta podemos vivir una vida en la que remamos contra marea, contra nuestro potencial, contra nosotros mismos. Nos acostumbramos y decimos que la vida es así, que las cosas cuestan, que ser quien somos nos cuesta y no tiene por qué ser de esa manera.

Verás, hay una gran diferencia entre identidad e identificación.

Identidad tiene que ver con las ideas que tenemos de nosotros mismos. Estas, que forman un rompecabezas, vienen dadas por género, religión, edad, generación, nacionalidad, estatus social. De eso sabe el ego, que se encarga de mantener en el tiempo el apego a esas ideas, haciéndote creer que todo eso en verdad te define, al punto quizá de limitarte. Hay otras ideas de la identidad que vas armando tú según la manera en que te percibes, y que vas cambiando cuando vienen experiencias que aumentan la profundidad en tu trabajo de consciencia y te hacen modificar la percepción que tienes de ti. Reescribes tu historia y actualizas tu identidad.

Pero seamos honest@s... ¿Cada cuánto buscas nuevas experiencias en las que puedas llegar a conocerte mucho más?, ¿lo haces conscientemente o esperas a que algo fuerte ocurra para hacer cambios y ver de lo que eres capaz? Lamentablemente, la mayoría no está consciente de esto, espera que algo pase y les toma tiempo aceptar que ha cambiado la forma en que se percibían, lo que implica que hay partes de la vieja identificación que se sentían como hogar pero que hay que dejar atrás.

Identificación se trata de cómo te unes a otros que tienen intereses similares, y estar con ellos o con ciertos elementos refuerza la identidad en sí. Esto puede ser para bien o para mal. Muchas veces, cuando tienes una idea negativa de ti mismo, la mantienes en el tiempo y la conviertes en parte de tu identidad, y si encuentras a alguien que se siente igual, tienes la sensación de estar "en familia", y esa idea se hace más fuerte. Por eso hay que recordar que la libertad empieza por los oídos, por así decirlo. Eso de escuchar a otros e identificarte sin cuestionar si quieres estar dentro de "esa identidad" mantenida en el tiempo es peligroso.

Hasta que entiendas que el cambio es una puerta que se abre desde adentro y que tú tienes la llave, serás todo lo que *puedes* ser: probablemente cansad@ de tu vida, desganad@, con un *mojo* bajo, con afectaciones en tu salud… tal vez seguirás en el mismo lugar real o emocional, algún aspecto de la vida estará derrumbándose, o te verás en una situación repetitiva de la que te sientes víctima.

Es tu deber contigo mism@ actualizarte, y no hay mejor manera que llevarte a nuevas experiencias para que conozcas de qué estás hech@. Y si bien uno no puede tirarse en paracaídas, hacer un *tour* por el Caribe o salir de excursión todos los días, siempre tienes la opción de plantearte retos, y cuando estás en un momento de transición es cuando más vale la pena.

La meta es que llegues a un lugar interno donde no te apegues a la identificación ("soy hombre/mujer, tengo tantos años y amo hacer tal cosa") y te lleves más allá, sabiendo que dentro de ti está todo el potencial que quieres despertar. Desear que el hoy no sea igual que el ayer es suficiente motivación.

Trabaja tu potencial, actualízate y desapégate de esas ideas que te etiquetan y por lo tanto te limitan. Visita **www.miastral.com** y descarga gratuitamente los ejercicios correspondientes a este capítulo (ver instrucciones en la página 16).

El momento presente es el único en el que podemos hacer algo diferente para crear nuevos resultados.

-CAPÍTULO 11-

PUNTO DE CAMBIO

*Muerto el perro,
se acaba la rabia*

Playlist sugerido:
It Was the Best of Times, It Was the Worst of Times
(Era el mejor de los tiempos, era el peor de los tiempos),
página: 242

De vuelta a las historias que conoces...

Tenía que pasar. Un Mercurio retrógrado que se acabó al mismo tiempo que una luna nueva. Una reunión para hacer rituales, mis mejores amigas y yo concentradas en cambiar la marea de meses muy raros, difíciles.

Aunque trabajo todos los días con astrología y doy clases de luna nueva, es difícil que coincidamos las amigas para hacer los rituales y hacerlos bien, ya que, como te pasa a ti, cuando finalmente nos vemos hay demasiado que decir.

Pero sucedió. Estábamos todas MUY decididas a hacer los rituales y a celebrar la recién salida colección de velas de luna nueva que yo tenía.

Por cierto...

Hay que hacer los rituales con personas que se hayan ganado estar allí, no todo el mundo merece escuchar tu historia y tus emociones privadas. Este ejercicio es poderoso y lo que otros reboten de vuelta a lo que expones te afecta y sugestiona.

Jueves

El ritual fue así: de acuerdo a la energía de la luna nueva, buscamos elementos que la representaran como flores y frutas. Todas estábamos vestidas con estampados o colores de primavera. Nada de alcohol o vicios que nos hicieran sentir la energía baja. Después de una pequeña meditación, le expliqué a cada una dónde le caía esa luna nueva, dónde estaba arrancando directo Mercurio y, finalmente, cada una dijo en voz alta lo que quería manifestar en ese ciclo lunar de 28 días. Lo que cada una decía era de alguna manera estructurado por las otras. Pocas veces nos escuchamos y nos percatamos de la manera en que estamos creando las ideas, de las palabras que usamos o de las perspectivas limitantes desde las que nos expresamos. Por eso, cada una hablaba y las otras la motivábamos basándonos en que nos conocemos y nos queremos mucho.

En lo que cada una quería había mucha emoción. De verdad, después de tres meses de una montaña rusa profesional, física, emocional, etcétera, que habíamos experimentado cada una por aparte, la intención más fuerte era paz, estabilidad y dejar atrás patrones limitantes del pasado.

El ritual terminó, y como era jueves, cada una salió a lo suyo.

Para ese momento yo estaba saliendo (para variar) con otro actor, Acuario*, y era temporada de eventos en mi ciudad. Aunque fuimos a uno de ellos, yo simplemente no estaba allí. Él –llamémoslo Actor #4– es un chico dulce, pero vive de su imagen. Bombón de melocotón, pero algo en mí no hacía clic, así que en medio de la situación le dije que estaba muy cansada y que me iba a dormir. Mi ascendente Piscis es el mejor para tirar bombas de humo. Antes no avisaba, me

---

* Lo genial de salir con personas Acuario es que no presionan preguntando qué fue lo que pasó y adónde te fuiste, sino un casual: "¿qué planes tienes este fin de semana?, ¿qué hacemos?". La cero presión de los Acuario es encantadora. Sé que much@s no han tenido experiencias tan agradables con ellos porque viven en su mundo, pero mientras estás *dating*, es buen ejercicio, es refrescante.

iba, pero a esta edad ya eso no se puede. Al menos pongo mi mejor cara y ojitos piscianos y me excuso. Cuando esto pasa, usualmente no aparezco más. Y así fue. *Bye bye*, Actor #4, pero eso no es lo importante...

Viernes

Un día después del ritual, me desperté luego del sueño más feo que había tenido no en meses, sino en años. Soñé que me encontraba con Escorpio y que me agarraba las manos y me decía: "¿qué estás haciendo?", y sentí pánico y ansiedad. Lo sentí total. Esta es la cosa con los sueños: en ellos no hay límites para experimentar las emociones. Juro que si me lo hubiera encontrado en la calle y me dice eso, le habría sonreído y le habría dicho: "gozando, haz lo mismo". Pero me levanté sudando y muy muy revuelta. No había soñado con él desde antes de terminar la relación.

Me paré a trabajar y después fui a buscar a Chloe para hacer diligencias. Le conté todo y me dijo que ella también había soñado con alguien del pasado. Las dos hicimos referencia a *Eternal Sunshine of the Spotless Mind*, queríamos un Lacuna Inc. que nos borrara cada pequeño recuerdo, pero después nos reímos cuando nos dimos cuenta de que al pensar en otros ex hasta se nos habían olvidado sus nombres. ¡Bah! Sucede, todo pasa.

Aunque no hablamos más del tema, ese mismo fin de semana Chloe se enfermó grave y yo seguía con esa sensación en la panza, pero no de extrañar a Escorpio, sino de pensar que estaba ahí, en mi cabeza, por algún rincón y sin pagar renta. No, no, no. Pero no podía resistirme porque entonces haría más fuerte la sensación, así que me puse a meditar.

Sábado

Una de las amigas que hizo el ritual fue a un concierto con su novio y entrando se topó con el exnovio con el que terminó hace seis años. Todas habíamos quedado en reportar lo que estábamos haciendo en el grupo de WhatsApp. De repente, cuando me fijé, tenía 73 mensajes, y allí es cuando sabes que algo terrible está pasando, y usualmente es de relaciones.

Cuando abrí el chat, me tomó como 39 minutos ponerme al día, mientras los mensajes seguían entrando.

> **Ella:** Lo vi, está más viejo, parece un hombre. Me suda todo, me siento como borracha y no he tomado nada.

> **Nosotras:** ¿Y tu Juan?

> **Ella:** Al lado, se dio cuenta de que casi me caigo. ¡Está vivo! No lo puedo creer. Por tantos años lo vi sólo en 2D y ahí está, VIVO y no en 3D, sino en 4D. Debió permanecer en mi memoria como inteligencia artificial, pero no..., ¡existe!

> **Chloe:** Dios mío, deberían meterlos a todos en una bola que da vueltas y rueda al precipicio. Saber nomás que están ahí afuera, vivos, y que respiran es una amenaza presente. ¡ALERTA!

(Chloe tiene, como yo, muchos planetas en Escorpio y estaba muy enferma. Podrás entender...).

> **Yo:** Calma, es normal. ¡Imagínate! No se habían visto desde unos días antes de la boda (cancelada) y ahora tú tienes 30 y el 36. Obviamente están "grandes"... ¿Y estaba *hot*?

(Uno es uno, siempre...).

> **Ella:** ¿Qué hago?, ¿me quedo?, ¿me voy?

> **Yo:** Nadie nunca se va de un concierto así, querida. Disfrútalo. De hecho, te vas a dar cuenta de que saltando y cantando se te pasa un poco.

Esto siguió hasta las 4 a.m., así que tengo que parar acá porque esta historia continúa.

Domingo

Vamos a un *brunch* Chloe, Aniella y yo. Aniella había salido la noche anterior y se sentó a quejarse tal cual: "¿qué onda con los hombres acá en Miami?".

Aniella seguía batallando contra sí misma sabiendo que Scott no era para ella, pero negada a conocer a alguien nuevo. Y ya había pasado mucho tiempo y muchas muestras de que Scott no estaba para nada preocupado.

Chloe y yo escuchábamos a Aniella, que contaba con frustración la historia, y le sugerimos un cambio. Nuevas experiencias crean nuevas memorias, queda menos espacio en el disco duro para el pasado.

Aniella contó que una amiga la había invitado a visitar Barcelona, y que estaba considerando irse.

Lunes

Nuestra amiga que vio al ex seguía muy muy revuelta, así que nos reunimos para hablar de eso y hacer una pizarra imaginaria para conectar los puntos. En eso, otra amiga que teníamos años sin ver, porque se mudó de ciudad, escribió en el grupo: "¿a que no adivinan a quién me encontré en el vuelo a Brasil?". Al EX NOVIO de la amiga que se lo encontró en el concierto.

Yo pensé: "*WTF?* Ahora están apareciendo por todos lados. ¡Qué miedo! Lo último que quiero después de mi sueño es encontrarme a Escorpio".

Nuestra amiga seguía afectada cuando su hermano la llamó para pedirle ayuda porque había chocado su carro en una ciudad cercana, así que tuvo que enfocarse en eso e irse. Nosotras seguimos hablando de todo y de nada, pero dijimos: "este ritual revolvió todo".

Martes

"Hola, mucho gusto, soy otro Escorpio".

Yo y mis negociaciones con el Universo. Por alguna razón, estaba entrando otro Escorpio en mi vida y con mucha fuerza. Llamémoslo

Ben, para esta etapa *Felicity*. Llamémoslo "No eres un clavo, tienes madera de protagonista".

Ok.

Miércoles

Mientras Aniella compraba su pasaje a Barcelona, se hizo un *extreme makeover*. Cambió drásticamente su cabello.

Chloe seguía postrada en cama.

Una chica que trabaja para mí y prácticamente dirige todo el equipo, y que además es muy cercana, anunció que estaba embarazada. Otra Sagitario en cama.

Yo estaba grabando muy tranquila y entre mensajes con Ben. No tengo notificaciones del celular, así que si la pantalla se enciende es por una llamada. En medio de un audio de 45 minutos, allí estaba su nombre… (viejo) Escorpio. Alejé el celular como si pudiera verme a través de la pantalla.

(¿En serio? ¿Ahora? No, no, no, no).

Yo: ¿Aló?

Escorpio: Heeeeeey.

(Cool-Calmed-Collected).

Hablamos por dos horas en las que por ahí me decía que muchas cosas en su vida estaban cambiando. Mudarse de apartamento, cambiar de trabajo, etcétera, etcétera, etcétera, en tres meses; "la vida se le vino abajo", y en realidad no me refiero a lo que pasó conmigo. Nosotros teníamos planes de mudarnos juntos, justo para ese momento en el que a él se le terminaba el alquiler de su apartamento. Pero nunca pensé que en "ese momento" le iba a caer todo encima. Por algo pasan las cosas (mucho más adelante entendí), y por algo yo no tenía que vivir esa experiencia.

Claro que hablamos de nosotros, de "te extrañé muchísimo", pero no me sentía débil. De "estoy muy orgullosa de los dos porque no nos buscamos" y "pensé que jamás me entendería así con alguien, pero ahora sé que no es verdad".

Él me dijo: "quiero darte un abrazo", pero ya la conversación se había puesto en tal tono que le dije: "¿de verdad?, ¿sólo un abrazo?". Él respondió que creía que sí.

No quedamos en nada, ni en vernos ni en no vernos, nada, y fue mejor así.

Llamé a Chloe y le conté todo.

> **Chloe:** Si se van a ver que no sea en tu casa ni en la de él. Tienen tanta historia en estos 17 años que mejor prevenir. Y no te afeites, y ni se te ocurra ir bombón.

> **Yo:** No, no, no quedamos en nada, y no pienso producirme en caso tal. *Man repeller* total.

A lo largo de la tarde no estuve pensando en Escorpio, sino en Ben. La verdad es que Ben entró un tiempo antes, sin buscarlo, sin elegirlo, sin cazarlo. Ben llegó como llegan las cosas buenas, cuando no las estamos esperando. Además, él estaba haciendo todo el esfuerzo por conseguir que lo de nosotros se diera.

Ya no sentía melancolía por el pasado, me revolvía, sí; el sueño fue duro, pero en el mismo, cuando Escorpio me decía: "¿qué estás haciendo?", yo entendí muy bien que era una parte de mí que sabía que él estaba desapareciendo de una esquinita de mi mente.

A las 6:30 p.m. Escorpio llamó para ir a comer. *Man repeller* total, me fui y nos fuimos. El camino de mi casa al lugar jamás se me había hecho tan largo. Al verlo caí en la serie #MeSorprendoAMíMisma porque no sentí nada. Es él, claro que es él, el que conozco de siempre, el que me conoce muy muy bien, con el que tengo una historia y una conexión muy familiar, pero ES ÉL, y él es mi amigo, no mi pareja. Él es lo que era antes de que entráramos en una relación, él es… Él, sin mucho *fuzz* y ahora, para mí, sin nada de *zsa zsa zu*.

No tenía nada que decir, no me sentía animada por la conversación, pero tampoco estaba molesta. Estaba en la nada, y este tema lo he trabajado con Estrellita: "la nada es algo, es como un bloque que ocupa espacio", y recordé este trabajo, así que respiré y empecé a buscarle conversación sobre asuntos cotidianos.

Llegamos al lugar y resulta que… cuando él y yo estuvimos juntos, yo me relajé mucho de mis estructuras, lo que fue genial, pero también me hizo perderme un poco a mí misma y a asuntos por los que había trabajado mucho y en los que creía. Estábamos en un lugar que no era vegano, sino más de sus excesos, que eran muy cuchis para mí en un momento, pero ahora, como reflejo de su consciencia, pues no.

Él pidió su comida, y la verdad es que yo pedí lo que pude haciendo tiempo porque no tenía mucho que decir. Bajé el menú, pedí mi cena, se fue el chico que recibe la orden y Escorpio me dijo: "viste, yo sabía. Sabía que me ibas a ver y que te ibas a dar cuenta de que no estuviste enamorada de mí".

(Oigan al señor…).

Pero en efecto. Yo pensé que cuando lo volviera a ver me iba a derretir en el piso, pero no sé qué pasó, no fue así, y como él tenía razón, no pude sino hacerme la que no había escuchado y cambiar la conversación; pero lo mencionó al menos tres veces más.

No voy a llenar más este libro contando lo que decía y no decía, ni cómo terminó la noche, pero sí diré que sentí que lo de nosotros definitivamente había terminado, y sin pena ni gloria. Agradezco que nos encontráramos cuando éramos niños, que estuviéramos juntos en la universidad, que fuéramos amigos por más de 15 años, que tuviéramos esa relación tan linda y acelerada, pero lo que más agradezco es que terminó.

Al volver a mi casa tenía muchos mensajes de Ben, pero llegué, me bañé, me quité la calle y el recuerdo de encima, y otra cosa empezó adentro.

Ben estaba de viaje, así como mandada a hacer la situación. Lo llamé y le conté TODO. No iba a repetir los mismos patrones. Ben, tan Escorpio y todo, me dijo: "me imaginé, porque jamás nos desconectamos, pero está bien, está muy bien y te agradezco la sinceridad".

En medio de la llamada con Ben, Escorpio llamó *(Like, really?).* Cuando el pasado llama no tiene nada nuevo que decir, así que lo dejé ir. Al día siguiente a primera hora, mientras hablaba con Ben, Escorpio volvió a aparecer, pero no había más nada que decir ni que hacer.

Ben llegó dos días después, y en vez de preguntarme más de lo que pasó, estaba centrado en vernos, en los planes, en el fin de semana, en otras cosas que queríamos hacer el resto del mes.

Al conectar un montón de puntos, entendí que la relación con Escorpio jamás estuvo dada para ser, y creo que siempre lo supe. Me sentí como "la chica del tren" de la película, pero en el tren espiritual, como si mis dudas, peleas, etcétera, hubieran sido una manera de protegerme de cometer el peor error de mi vida, y con cada cosa que pasa o que vivo, me doy cuenta de que es así.

Está comprobado que el ser humano necesita darle significado a sus historias, que escogemos una interpretación. Al inicio la mía fue que Escorpio nunca me quiso, ahora sé que sí, pero que ambos estábamos viendo y viviendo situaciones muy distintas, y que no, esta vez no tenía que convertirme en el impulso creativo de nada, que podía alinearme con alguien que en vez de ser quien inicia las cosas, es quien responde. También aprendí que aunque haya personas con quienes te comunicas sin palabras, eso no quiere decir que son para ti. Hay personas con quienes no tendrás afinidad total inmediata, o que tienen diferente *background*, cultura, ideales, pero con quienes puedes tener un ¡CLIC! y, más importante aún, valores similares y energía que va a la par con la tuya, y eso es muy excitante.

Aunque la historia completa continúa, insisto en que es mejor darle uso a este espacio para hablar de los saltos de los otros. Sigamos…

Como ves, fue un mes muy raro el que vivimos después de ese ritual, así que te voy a resumir lo que pasó con todos los personajes de este capítulo:

Aniella

¿Recuerdas que ella necesitaba un cambio? Pues sucedió. Al final de ese mes, Aniella se fue de viaje a varias ciudades de Europa. Lo hizo rápido, sólo tenía un par de semanas de vacaciones. En mucho tiempo de limbo no había entendido que el mundo era su ostra y que Júpiter en Libra quería que viajara y creciera. Así que gracias a otros aires, otras personas y un cambio drástico de horario, lo logró. En su viaje, Aniella conoció a alguien especial, y no especial porque fuera el hombre de su vida, sino porque se dio cuenta de que la señal invisible de "no disponible" que ella llevaba cargando en la frente al fin se había caído.

Y es que las vibras no mienten. Hay muchas mujeres que cargan esa señal aun con mucho tiempo de estar solteras. Así mismo hay mujeres casadas que vibran "aquí estoy" y jamás dejan de llamar la atención. Es cuestión de actitud, dicen, yo digo que es cómo piensas, cómo te sientes, cómo vibras, cómo te conduces por la vida. Hay que estar claro en lo que uno está sintiendo, en lo que uno quiere, en darse su tiempo y saber cuándo una situación se ha mantenido sin cambio por tanto tiempo que ya no da más. La vida es muy corta, todo pasa muy rápido y no podemos olvidar que hemos venido a experimentar AMOR, pero que eso empieza en uno y por uno.

La amiga que vio a su exnovio en el concierto

Al fin pudo exorcizar muchos temas que tenía adentro. Fue a ver a Estrellita y empezaron a trabajar en emociones que ella había puesto debajo de la alfombra hacía seis años. El mayor cambio sucedió en las expectativas que tenía sobre su novio actual y su trabajo. Verás: el exnovio de ella, chico corporativo, tenía todo en su lugar (menos el corazón), era ejecutivo/emprendedor/manifestador en el mundo material. Ella tendía a ir de extremo *hippie* a extremo chica corporativa, vibrando ambivalencia. Al encontrarse al ex, vio lo que ella era antes, pero entendió que ya no se sentía así. Y que tenía que bajar la presión que se ponía para lograr cierto estatus profesional y la presión a su nueva pareja para que fuera como el ex. Muerto el perro, se acabó la rabia. Pasado este suceso, ella se suavizó y siguió trabajando por sus metas, pero sin látigos de cabeza. Aceptó a su novio así como es, su relación mejoró y llegaron al punto medio. Esta historia es real y sigue tejiéndose, así que ya te contaré más.

Lorena

Ella fue otra amiga que hizo el ritual y se fue a Bali con un chico que había conocido en línea. Se fue la misma semana que Aniella viajó a Europa, que yo me fui al Disneyland de los vinos y que Chloe viajó a la playa en Costa Rica. Todas estábamos fuera de la ciudad pero muy dentro (de nuestras vidas), y Lorena estaba muy ansiosa, porque eso de conocer en la vida real a un *virtual crush* es fuerte, pero se atrevió y fue genial. De hecho se habían visto rápidamente hacía dos meses, pero en ese momento Lore no permitió que fluyera nada porque tenía miedo, aunque durante los meses siguientes que no se vieron habían hablado por todos los medios existentes. Esta vez ella se preparó. Se conocieron más, tomaron confianza y él se la ganó. Lorena, que no tenía novio hacía más de siete años, había conocido al hombre de su vida. Todas lo supimos cuando volvió.

Ben

Me encantaría que todo el mundo supiera lo genial que es este chico. Yo intento aterrizarme todos los días, pero lo mejor es que él ayuda porque también genera energía de tierra: concreta, toma decisiones (rápidas) y cumple. Por un buen rato creí que sus lecturas de Osho eran un *show*, y que no era cierto que veía todos mis videos, pero leyó *Rompiendo patrones* en un día y pensó que podía hacer una segunda parte basado en A, B y C. Después se puso creativo y proactivo investigando sobre leyes y marcas.

Como dije, Ben es Escorpio, y lo más interesante es que tiene a Saturno fuerte y muy bien posicionado. Su Júpiter está en Libra, justo encima de mi Marte, y él estaba teniendo su retorno. *Not bad at all.*

¿El *downside?* (porque siempre lo hay): ver cómo lo llevamos despacito, porque ambos somos muy acelerados. Así que ya te contaré, pues esta es una historia que recién se está tejiendo.

"Oh, but your love is such a swamp, you don't think before you jump [...] you're the only thing I want". *The Last Time* de The National.

En conclusión...

Siempre hay un punto de giro. Este siempre está disponible, pero puedes temerle porque cruzarlo implicaría dejar atrás algo que quizá aún se quiere seguir manteniendo. Sea una idea, un recuerdo, una persona, una emoción, un miedo... era un lugar familiar, pero si lo piensas te asustaría ver que quizá era tan familiar, que lo has superado completamente pero no te has actualizado. Una vez que empieces a considerarlo, te darás cuenta de que incluso la rabia o molestia que sientes por alguien o algo que ya no está es el único vínculo que tienen, y que mereces avanzar. Cuando lo medites en serio, sentirás dónde está el punto de giro, cuándo es tiempo de cambiar.

Una oposición Júpiter en Libra versus Urano en Aries claro que ayuda, pero, al final, lo decides tú. Estas oposiciones no suceden seguido, pero por algo las llaman *The THANK GOD Alignment* (la alineación GRACIAS A DIOS), porque traen la liberación que te permite ser quien verdaderamente eres y empezar a relacionarte como quieres.

OH, LOVE.

Suelta todas las ideas que te mantienen atad@ al pasado y reconoce tu punto de cambio. Visita **www.miastral.com** y descarga gratuitamente los ejercicios correspondientes a este capítulo (ver instrucciones en la página 16).

El VERDADERO CAMBIO inicia DENTRO DE TI.

-CAPÍTULO 12-

LA CHICA DEL TREN...
ESPIRITUAL

Afinar la intuición

Para quienes no la vieron, contextualizo: *La chica del tren es una película de suspenso que muestra cómo muchas veces nos imaginamos que una pareja es perfecta cuando en verdad no sabemos todo lo que pasa por detrás.*

En una reunión con mis amigas, estábamos hablando de la película y les dije: "Miren, la chica del tren en parte somos todas. Todas vemos afuera lo que creemos que no tenemos, sin saber qué hay detrás de esa supuesta imagen de perfección. También somos la chica que ha estado en una relación que parece perfecta hasta que despierta a la realidad y se da cuenta de que en verdad no lo era".

Ahora yo te pregunto a ti: ¿cuántas veces has terminado una relación y sólo después, cuando has empezado a unir los puntos, has confirmado que no estabas loca y que esa intuición que te decía que por ahí no funcionaba era correcta?

Antonella, una profesora de pilates, estaba terminando de darme una clase y me dijo: "Mia, antes de que te vayas quiero preguntarte algo: ¿qué está pasando allá arriba? El fin de semana mi novio terminó conmigo de repente. De forma totalmente inesperada…".

En un segundo recordé varias cosas que Antonella había comentado en clase: que su novio no la había invitado a pasar el Día de las Madres con su familia, a pesar de que ella vive sola acá en Miami y que ya los conocía y tenían tiempo de salir juntos; que había decidido darse un tiempo con él para que la extrañara; que a menudo él hacía comentarios incómodos sobre su alimentación y estilo de vida, etcétera.

En otro microsegundo me pasó por la mente una experiencia similar que yo tuve:

Adam (llamémosle así) es otro Escorpio pero de ascendente Géminis. Nuestra relación empezó de amigos, pues de verdad éramos muy compatibles, pero por la parte de la atracción no me sentía tan enganchada, porque como le conocía varias manías, aunque fuera lindo lo veía más con su paquete de patrones. Pero Adam vio una ventana de oportunidad cuando yo acababa de terminar una relación y aprovechó para entrar.

A diferencia de la manera en la que él trataba a las chicas con las que salía, con quienes era bastante escurridizo, conmigo estaba *on point*, pero por ahí siempre me palpitaba adentro algo que SÉ muy bien: las conductas cambian, pero los patrones no, a menos de que haya trabajo en ellos.

Sin embargo, como yo en mi proceso estaba trabajando la apertura, la suavidad y soltar el control, me dejé llevar. Pero no pasó mucho tiempo antes de que mi cuerpo se sintiera incómodo; me sentía desenfocada y no entendía por qué, si todo "estaba bien" en el trabajo, en la salud y en lo demás.

En medio de eso, Adam me invitó a viajar a Nueva York. Mientras estábamos en el aeropuerto, tuve un miniataque de pánico que yo asumí como un síntoma de mi miedo al compromiso, y echando mano de mi patrón "tengo miedo pero voy de todas formas", continué. Después empecé a ver señales y a sospechar de ciertos detalles, pero como otro de mis patrones es buscar lo que está mal para salirme de las relaciones, no quise hacer el *show* (para no recoger las sillas, capítulo 1), y preferí meditar y observar.

Cuando meditaba yo pedía que me mostraran una pluma roja como señal de que tenía que irme de la relación –ya para ese punto estaba muy enganchada y la relación iba "viento en popa"–. La pluma roja no llegó, pero él decidió terminar la relación de manera abrupta.

Tiempo después, cuando empecé a unir los puntos de lo que pasó en nuestra relación, vi todas las señales que se me habían presentado: mi cuerpo había tratado de avisarme de muchas formas que por ahí no era y yo no lo quise escuchar. Las alarmas (aunque no las plumas rojas) sí se habían disparado, ¡yo sabía quién era él! Y a pesar de eso había decidido meterme ahí. Había decidido no ver. Me había olvidado de escuchar mi intuición…

… Antonella seguía esperando que yo le respondiera su pregunta, y de repente sacó una mala* con una pluma roja (¡ajá!).

Finalmente le dije: "Antonella, nada pasa de la nada, hay señales que elegimos no ver porque parte del trabajo interno es tener certeza, tener fe, y la vía es hacia adelante". Por eso es tan importante meditar, llevar un diario, escucharnos, reflexionar sobre lo que nos crea contraste. Claro está que debemos entender que es nuestra experiencia subjetiva, pero es suficiente plasmarla y volver a ella un tiempo más adelante para saber si nuestra intuición está en lo correcto o no".

Un rato más tarde me puse a pensar de nuevo en *La chica del tren*. Uno es experto en ser observador, pero de lo que le conviene. Si de verdad entendiéramos que el observador afecta lo observado; si fuéramos conscientes de que aunque estemos en una relación es importante escuchar el diálogo que sostenemos con nosotros mismos (podría decir "monólogo", pero no, porque nos preguntamos, nos respondemos, nos preguntamos otra vez y así funcionamos como varios personajes); si cultiváramos el hábito de reflexionar en la noche sobre el día que tuvimos; si observáramos nuestras acciones y actitudes… si hiciéramos eso comprenderíamos que en nosotros están todas las respuestas y que sólo es necesario hacer las preguntas precisas para encontrarlas, hacer, incluso, las preguntas que nos dan miedo.

---

* Mala: pulsera o collar de cuentas para meditar.

Nunca olvides que dentro de ti hay una energía especial, espiritual. Una luz y guía siempre a tu alcance.

Nunca olvides que dentro de ti hay una energía especial, espiritual. Una luz y guía siempre a tu alcance. Otras personas pueden ser tus guías, pero ellas sólo te orientarán si tú lo permites y si pones de tu parte para participar en tu proceso en vez de sólo hacer lo que se te ordena. Escúchate. Cuando lo hagas entenderás que algunas veces tenías razón en lo que creías, pero que en otras ocasiones no estabas tan cerca de la realidad. Aprenderás a confiar en ti y a irte de los lugares (reales o emocionales) cuando algo se sienta mal. Aprenderás a leer las señales de tu cuerpo, en donde se guardan muchos miedos y memorias. Sanarás.

TIPS PARA AFINAR LA INTUICIÓN

1. Reconoce la sensación. Si algo no se siente bien, pregúntate: ¿cuál es la sensación que tengo? ¿en qué área de mi cuerpo está?, ¿qué color tiene?, ¿qué nombre le pondría?, ¿es miedo?, ¿ansiedad? Escribe tus respuestas. Aunque estas estén cargadas de subjetividad, si respondes de manera rápida, sin pensar y anotando lo primero que viene a tu mente (libre asociación de ideas), créeme que se te van a revelar muchas cosas, si no hoy, seguramente sí muy pronto.

2. Identifica el contexto de la sensación. Si algo no se siente bien, pregúntate: ¿qué situación o experiencia ha desatado esa sensación?, ¿he sentido algo así antes?, ¿cómo se parecía la situación anterior a lo que sucede ahora? Escribe tus respuestas usando la libre asociación de ideas.

3. Medita. Siéntate en silencio y observa las imágenes que llegan a ti. En ellas encontrarás muchas claves valiosas.

4. Anota tus sueños. Y, hey, los sueños no son profecías, pero sí dicen mucho de emociones reprimidas, cosas que captas en vigilia pero que contienes. Lleva un registro de ellos y medita sobre sus posibles mensajes.

5. Pasa tiempo en la naturaleza. Esto es vital para salir del mundanal ruido que nos impide escucharnos y sentirnos.

6. Desconéctate de la tecnología. Si no lo haces estarás todo el tiempo en tu mente y no tendrás acceso a tu sabiduría.

7. Lleva un diario con "tus sospechas". Ejemplo: "Querido diario: hoy Carla no me habló en la oficina. Creo que está molesta porque ayer no pude almorzar con ella". Días después quizá te enteres de que Carla estaba súper estresada con su familia por X razón, y entonces sabrás que tu intuición estaba fuera de alineación y que debes hacer trabajo para escucharte mejor, más allá del ego y los miedos. También puede pasarte al contrario, que escribas: "presiento que mi ex Juan (o ex Elena) ya está con otr@", y que lo confirmes más adelante. Entonces sabrás que tu intuición va por buen camino.

Descubre de qué maneras te habla tu intuición y aprende a conectar con ella. Visita **www.miastral.com** y descarga gratuitamente los ejercicios correspondientes a este capítulo (ver instrucciones en la página 16).

DENTRO de ti
tienes LA LUZ
oy GUÍA QUE
necesitas, siempre
a tu ALCANCE.

-CAPÍTULO 13-

"LA OTRA"

La sombra

Llegó la hora de hablar de "la otra"*.
Y no, no vamos a hablar solamente del tipo de
infidelidades que te estás imaginando; vamos a
hablar de las infidelidades que nos hacemos a
nosotros mismos y de las que poco nos percatamos.
De cómo "la otra" muchas veces no existe
en la vida real, sino que es el reflejo de nuestra
propia sombra, de nuestra inseguridad.

Recuerdo una vez que me ocurrió a mí. Estaba en una relación con un chico y andaba obsesionada con la idea de que me estaba siendo infiel. La única persona a quien mencionaba el tema era Chloe, y hasta tenía un pacto con ella para llamarla cuando me entraran las sospechas y así evitar estallar o reaccionarle directamente a él.

Chloe, quien había vivido la experiencia de "la otra" una vez en su familia y otra vez en una relación propia, usaba el término "el síndrome de la rebuscadora" para referirse a esa persona que está obsesionada con la idea de

---

* Para efectos prácticos de la lectura de este capítulo, y según aplique, entiéndase "el otro" en lugar de "la otra".

que hay alguien más en la vida de su pareja y se la pasa buscando señales y averiguando a lo CIA a ver qué encuentra. Ella decía: "si tu novio quiere sacarte los cuernos, te los sacará de todas maneras, lo espíes o no. Así que si no ves ninguna señal concreta, no vale la pena perder tu energía buscando pruebas y suponiendo cosas".

Para entonces yo andaba de "rebuscadora" y quería encontrar una señal evidente para poder sacarle el tema a mi novio con todos los colores. Así que me puse a investigar un poco más sobre el fenómeno "la otra que no soy yo", y en esas fui donde Estrellita, mi terapeuta.

Estrellita: Descríbeme a "la otra".

Yo: Ella le da atención. Tiene tiempo libre. Cocina. Es súper dulce, etcétera, etcétera, etcétera.

Estrellita: Me estás diciendo que ella hace justo lo que tú no haces y que sabes –porque él lo dijo la vez que vino a terapia contigo– que a tu relación le caería bien que hicieras, que le dieras un poco más de tu tiempo, que te relajaras, ¿cierto?

(*Oh, wow*).

Estrellita: Ella –"la otra" que imaginas– hace todo lo que tú podrías modificar para mejorar tu relación, pero no te has decidido a cambiar. Por eso te inventas esta historia de "la otra" porque, eso es más cómodo, en lugar de aceptar que aún no te nace hacer el cambio. Así que es mejor proyectar y luchar.

Mientras se abrían mil cajones en mi cabeza, me di cuenta de que encontraba un cierto placer en identificarme con rasgos que estaban muy lejos de ser los supuestos rasgos de "la otra". Yo venía trabajando hacía un buen rato en el tema de suavizarme, de ser más dulce, y al inventarme a "la otra", lo que estaba logrando era poner mentalmente en competencia a la Mia dura y a la Mia suave, que estaba empezando a encontrar salida.

Aparte de eso, me di cuenta de que pensaba que él estaba más interesado en lo que yo no soy, que en lo que sí soy, a pesar de que la relación iba bien y que él estaba apoyándome con mis decisiones de vida en cuanto a trabajo y emprendimiento. Entendí que los juicios no venían de él, sino de mí y de la culpa que tenía por no poder abrirme a profundizar en mis sentimientos.

Por eso "la otra", o la idea que tenemos de ella, nos dice más sobre nosotros mismos que sobre cualquier otra cosa. Es una proyección que nos puede servir de guía para trabajar en nosotros.

Ahora, también está "la otra" que sí existe, que vive y respira, que se comprueba, que ahora ocupa un lugar que tú ocupaste o hasta comparte el lugar contigo, si tú lo permites. A menos de que estés bien con el hecho de encontrarte en una relación abierta, al saber que hay otra persona en la vida de tu pareja debes aceptar que esto sucede porque tú lo permites; sólo lo que toleras es lo que continúa.

De estos hay tantos casos como relaciones. Pero como hay casos de casos, te cuento el de María Olga.

Ella estaba a punto de casarse cuando se enteró de que su prometido le había sido infiel. Entonces decidió romper el compromiso y todo el mundo se quedó sin saber por qué. Luego se fue de viaje con sus amigas más cercanas, entre las que estaba la mamá de una de nosotras, que es bastante jovial y tiene mucha experiencia en cuestión de relaciones. Ella le dijo: "no lo necesitas para mantenerte. No lo necesitas para sentirte completa. Siempre has sido una mujer muy completa. Lo único que QUIERES de él es amor y, por eso, puedes tomar la mejor decisión".

Es muy difícil manejar la situación de infidelidad cuando uno depende de la otra persona o tiene otro tipo de compromisos con ella, pero ese no era el caso de María Olga. Ella no lo necesitaba, simplemente quería compartir lo que ella era, y esa fue la razón principal por la cual su noviazgo fue tan lindo. El novio, al parecer, se asustó y cometió un error.

Si tu novio quiere sacarte los cuernos, te los sacará de todas maneras, lo espíes o no. Así que si no ves ninguna señal concreta, no vale la pena perder tu energía buscando pruebas y suponiendo cosas.

Pasaron dos años y el novio aún estaba esperando que María Olga lo perdonara. Ella continuó con su vida, pasó el dolor muy en privado y se separó en lo posible del ambiente de su ex. Pero se reencontraron, y aunque los dos habían cambiado, el amor estaba allí. Ella ya lo había perdonado. Él, durante ese tiempo, maduró y cambió patrones porque tocó fondo, y ahora sí entendía que lo que ella quería era crear algo juntos, que su relación no era una demanda ni una necesidad, que la infidelidad era uno de sus "no negociables" y que si volvía a pasar, ya él sabía cuál era el resultado.

Parece una historia feliz, ¿verdad? Lo es, pero haberla vivido con ella te mostraría la realidad del asunto: no es fácil. Sabernos traicionados nos da mucho dolor, pero también debemos hacernos responsables de lo que permitimos y entender si hay una herida más profunda asociada con esa tendencia y que de alguna manera avale una infidelidad.

Por ejemplo, en mi caso yo había flirteado con otros estando en una relación, y me resultaba lógico que mi pareja lo hiciera también. Mi trabajo no era parar de flirtear, sino entender por qué necesitaba atención de otras personas o sentir el *rush* por un subidón de ego. Ese fue mi verdadero trabajo.

En el caso de María Olga, ella se fue muy fiel en el proceso, porque tenía el espejo de su madre, quien sufrió mucho cuando descubrió que el marido le había sido infiel.

Así como la historia de "la otra" imaginaria esconde información muy profunda sobre nosotros mismos, también las situaciones de infidelidad reales tienen una lección para darnos: más allá de lo que vemos, del dolor o la molestia que genere la situación, esta siempre revela algo de nosotros que debemos traer a la luz y trabajar.

"La otra" puede ser nuestra sombra, la proyección de aquello que no queremos ver pero que a todas luces transmitimos. "La otra" es ese espacio donde vaciamos nuestros miedos e inseguridades porque a veces es más cómodo poner la responsabilidad de lo que sentimos en algo externo, que ver (y sentir) lo que nos está pasando adentro.

¿Recuerdas cómo a Peter Pan su sombra le jugaba tretas todo el tiempo y el chico luchaba contra ella? Bueno, para dejar de ser los niños que nunca crecieron debemos asumir responsabilidad, es decir, debemos tener la habilidad para responder ante cada situación. Y si abrimos el clóset donde tenemos a "la otra" guardada, podremos darnos la oportunidad de jugar con esa sombra y ver qué tiene para enseñarnos.

Descubre de qué maneras te eres infiel a ti mism@ y saca tu sombra a la luz. Visita **www.miastral.com** y descarga gratuitamente los ejercicios correspondientes a este capítulo (ver instrucciones en la página 16).

Se necesita VENIR de un LUGAR DE oscuridad para empezar a apreciar LA LUZ.

-CAPÍTULO 14-

EL TERREMOTO

Cuando caen las estructuras

No se llega al *turning point* (punto de quiebre) sin un pequeño terremoto que rompa las estructuras. Así como tenemos una identidad que reforzamos todos los días con las identificaciones ("soy hombre", "soy rubia", "soy abogado", "tengo 32 años"...), también hay estructuras mentales que sostienen esa identidad. Y cuando empezamos a identificarnos con cosas diferentes, cuando estamos pasando por un "cambio de identidad", esas estructuras dejan de sostenernos; ya no dan seguridad, sino que limitan.

A mí me pasó con Escorpio. Antes de empezar mi relación con él, mi día empezaba a las 4 de la mañana para grabar videos y escribir. De 8 a.m. a 6 p.m. atendía en consulta, me encargaba de lo que pedían las personas de mi equipo y hacía tareas pequeñas; había mucho movimiento. Dentro de ese horario acomodaba también mi tiempo de entrenamiento y meditaba un rato en la mañana y otro en la tarde. Además estaba en una dieta 100% vegana, así que comía cero proteína animal y ninguno de sus derivados.

Entonces llegó Escorpio, a quien, para efectos de este capítulo, llamaré "El rey del placer", porque si alguien sabe disfrutar de la buena vida, es él –y no lo digo en mal sentido–. Es uno de los hombres más viajados y cultos que conozco. Su trabajo lo lleva a todos lados, así que de tomar buen vino, vestirse de maravilla y estar en el momento presente, él sabe.

Cuando la relación inició, mi rutina empezó a cambiar, pero yo estaba muy emocionada como para darme cuenta de que mis estructuras se estaban rompiendo y que eso era justo lo que yo había pedido –había dicho que quería más tiempo para mí, liberarme de mi juez interior, no ser tan autocrítica y disfrutar por lo que había trabajado tanto–. Pero un mes más tarde empecé a entrar en pánico: no estaba grabando tanto como antes, a veces me perdía el entrenamiento de la mañana o me desaparecía todo un domingo y dejaba de hacer las cosas que solía hacer.

También hubo cambios en la alimentación. El vino no faltaba por aquí o por allá y los carbohidratos no sanos tampoco. Puedo decir que durante dos meses –temporada que se juntó con mi cumpleaños, los de mis dos mejores amigas, Navidades, Año Nuevo, Reyes– crucé *todas* mis fronteras.

Y esto trajo problemas entre "El rey del placer" y yo. Aunque tenía muy claro que esos cambios eran mi decisión, había una parte de mí que pensaba que él "era el culpable" de que yo –¡qué horror!– al fin estuviera viviendo. Empecé a molestarme con él por cualquier tontería y un día que tuvimos una discusión grande por otra cosa, noté que lo que más me incomodaba era pensar que yo hubiera "perdido" mis estructuras por él. Pero ahí entendí que en verdad Escorpio era sólo un trampolín que me estaba impulsando a hacer lo que yo había querido desde hace tiempo: disfrutar la vida. "El rey del placer" era una buena excusa para probar que había vida más allá de Saturno (límites) en tránsito, en conjunción a mi Sol natal[*].

La discusión pasó, y unos días después de haber superado la gran pelea, estábamos cepillándonos los dientes para acostarnos a dormir.

---

[*] Cuando Saturno llega a nuestro Sol natal "cosa que sucede cada 29 años" (el famoso retorno de Saturno), tendemos a restringirnos o ponernos sanos límites para producir resultados. El *downside* de eso es que podemos ponernos en modo "viejitos" y poco tolerantes, sintiendo que tenemos mucha responsabilidad en nuestros hombros y entonces no nos podemos relajar.

Escorpio: ¿A qué hora vas a poner tu despertador?

Yo: A las 5 a.m. (ya eso para mí era ser bastante flexible).

(Él me agarra por las manos, cepillo de dientes en mano, pasta dental voland).

Escorpio: ¿es en serio? Sabes que nos encanta quedarnos al menos una hora acostados, despiertos, juntos. No me hagas rogarte y pasar de nuevo por esto. ¿Cuándo vas a entender? Ven, ven... (me lleva a la báscula). Pésate. Has comido mucho mejor, estás alimentándote con más proteínas y minerales y pesas menos que cuando empezamos. Mírate la piel, la cara. El mundo no se te está rompiendo, te estás abriendo y estás más bella que nunca.

(No lo adoren, no lo conocen...).

Escorpio: Ahora chequea el reporte de ventas. No te está yendo peor, estás mejor. Y hablemos de la relación con tu mamá. Están hablando varias veces a la semana. ¿Entonces? Relájate y la vida se relaja contigo.

No estoy decorando esto, en serio. Escorpio no es mi caballo de batalla ni santo de mi devoción, pero esto fue un gran despertar. La lección del asunto fue que rompí mis estructuras, las cuales eran ficciones creadas por mí para darme una ilusión de control y estabilidad. Con Escorpio aprendí que podía crear nuevos cimientos y que nada malo iba a pasar; que tomarme tiempo libre después de tantos años de trabajo para crear algo en el mundo, en mi mundo, no podía destruir lo que había hecho, quien yo era en esencia, el carácter que me había formado; que relajarme un poco no me hacía menos responsable... me hacía humana.

Para este punto, sabemos que "El rey del placer" no sobrevivió, pero aún hoy agradezco esas lecciones, porque en donde estoy y en la relación que tengo ahora me mantengo muy consciente de mis estructuras pero también de mis "flexibilidades", de los momentos de "no tiempo", cuando no existe otra cosa que nosotros dos.

Pero quiero contarte otra historia: la de Paulina.

Ella es más *hardcore* de lo que era yo antes. Sus rutinas pueden dejar a cualquiera cansado con sólo ver su agenda. Antes de estar con su marido había terminado una relación de años porque él no comía igual que ella, ni era "medido" como ella. Cuando empezaron la relación ella no era así, pero después se endureció y, como él no cabía en sus estructuras, se dejaron.

En menos de dos meses, Paulina ya estaba de novia con un chico de su mismo gimnasio diagnosticado con OCD (*Obsessive Compulsive Disorder*)* que le iba muy bien a sus estructuras y rutinas. Este chico era la medicina que Paulina necesitaba para despertar y entender que estaba siendo demasiado rígida con ella misma y que eso no le daba felicidad, como tampoco se la daba tener el cuerpo perfecto.

La relación terminó cuando el chico, de manera muy estructurada, le entregó una lista de razones por las cuales no podían estar juntos. Y allí quedó.

---

* Trastorno obsesivo-compulsivo: es una condición que hace que las personas tengan pensamientos no deseados, "obsesiones", y que repitan conductas compulsivas sin control, lo que interfiere en sus relaciones y en su cotidianidad. Es una condición que nadie critica porque a simple vista pareciera algo positivo, que favorece a las personas detallistas y aceleradas hoy en día, pero no es un juego; es una dolencia a tratar.

Para tener en cuenta...

1. Las estructuras y la planeación te dan una guía, te pro-porcionan seguridad. Pero si no te conoces, pueden ser una manera de tapar inseguridades, seguir mandatos y no hacer el trabajo de conocerte y escucharte.

2. Todos tenemos estructuras, pero estas han de ir cam-biando de acuerdo a las necesidades principales del momento (ver capítulo 2). Si no estás actualizándote constantemente, puedes quedarte en estructuras que ya no te favorecen, sino que te limitan.

3. Cambiar de estructura es cambiar de patrón. Para ha-cerlo, primero hay que iluminar la estructura, después identificar cómo se muestra en tu vida y luego analizar cuáles son los resultados que ha dado.

4. Sabrás que una estructura ya no está dando buenos re-sultados cuando te ves chocando con la realidad, cuan-do has dejado de sentir que avanzas y te llega un punto de quiebre (ver capítulo 8) que te hace iluminarlo.

5. Tú no eres tus estructuras, eres mucho más. Tampoco eres sólo el resultado de ellas. Tú permaneces, las es-tructuras cambian. Para cambiar una, hay numerosas herramientas que puedes utilizar. Después del *a-ha! moment*, cuando te das cuenta de que hay algo que cambiar, debe venir el "no puedo ser indiferente ante esto". A partir de allí, dependiendo de tu urgencia y la importancia que le des al asunto, puedes ir a psicoa-nálisis, usar programación neurolingüística o tareas de neuroasociación (los ejercicios que propongo para este capítulo te ayudarán muchísimo). Como seres humanos somos increíbles y podemos cambiarlo todo a nivel de pensamiento, lo importante es ser aplicados.

¿Por qué es importante cambiar los patrones que tenemos en las relaciones amorosas?

Primero, hacemos el cambio por nosotros, pero también por una motivación de compartir. Somos hij@s de la generación del *new age*, filosofía sin mucha base, que ha pasado de boca en boca y que reza que la felicidad está dentro de uno; que alguien puede tratarte mal pero respiras, sonríes y dices: "la felicidad está dentro de mí". Yo no invalido el asunto, pero hay más: hay que entender lo importante que es asumir responsabilidad y poner sanos límites. Mi felicidad depende de mí, pero quiero alinearme con otros para compartirla. Sin embargo, antes debo conocer mis patrones que sabotean buenas conexiones o la expansión de mi energía, conocimiento, etcétera. Aparte, recuerda que "Mi locura ama tu locura" (capítulo 3), que atraemos lo que somos y que tendemos a engancharnos con personas que tienen patrones similares. Esto te hará despertar –como a mí y a Paulina– gracias al contraste de lo que esos patrones crean, emanan y atraen. Un choque o final termina de hacerte entender que cierto patrón no da para más y que es tu responsabilidad aceptar que lo que antes de pronto funcionaba, ahora está limitando lo que quieres vivir y sentir.

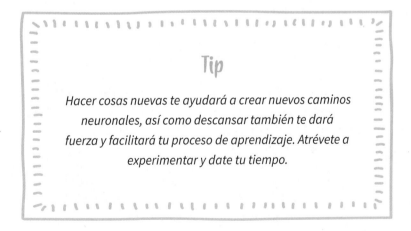

Tip

Hacer cosas nuevas te ayudará a crear nuevos caminos neuronales, así como descansar también te dará fuerza y facilitará tu proceso de aprendizaje. Atrévete a experimentar y date tu tiempo.

Y voy más allá…

Linda era una chica a la que yo atendía cada mes y además estaba haciendo su cambio de patrones con Estrellita (la terapeuta de todos). Linda empezó todo esto porque estaba muy insatisfecha con su trabajo, pero no lograba reunir el coraje para irse. En el trabajo interno, Linda terminó una mala relación en 2014, conoció a un hombre maravilloso en 2015 y se casó en 2016, pero aún no superaba el patrón de querer crear seguridad económica para su familia materna por sobre todas las cosas. Esto era algo que había tenido que hacer desde muy chica y ya lo tenía en piloto automático. Pero llegó un punto en donde eso de proveer, de no dejar el trabajo seguro –aun cuando su esposo le decía que la ayudaba mientras buscaba algo que amara–, de cargar todos los problemas reales y emocionales de sus familiares fue demasiado: tuvo su punto de giro y se fue del trabajo.

No habían pasado ni dos meses cuando encontró otro trabajo seguro, pero este tampoco era lo que ella soñaba. Linda era una persona MUY creativa y terminaba siempre en trabajos de cubículo, grises y con horario de cárcel. Le pasaba más o menos lo que les suele suceder a las mujeres que se conforman con el que pase por no quedarse solas, pero con las cuestiones de trabajo y de afirmación de su energía masculina en el mundo.

Luego de cinco meses, le dije a Linda que trabajara conmigo. No iba a ser fácil, pero sabía que podía hacerle ver todo el potencial que tenía. Sus consultas conmigo terminaron, con Estrellita continuaron, y en un par de meses se empezó a destacar. Mucho en ella había cambiado: su actitud ante la vida era diferente, tenía más tiempo libre, estaba trabajando en algo que le gustaba y estaba rodeada de mucha energía femenina. No fue sino que yo lo dijera en una reunión con el equipo y ella empezó a enfermarse por una parte del cuerpo y después por otra, y así durante un mes. Su sistema estaba apagándose con cortocircuitos.

En mi cabeza… era Marte en su casa 6 del cuerpo reventando todo lo que estaba sin atenderse. En su cabeza… andaba en discusiones con el seguro. En la cabeza de Estrellita… no sé porque debe ser un laberinto, pero le dijo:

"tu cuerpo, tu estructura, está rompiéndose y estás chocando contra quien creíste ser por mucho tiempo".

Vino una luna llena. Linda tuvo un *a-ha! moment*, se dio cuenta de que no quería manejar esa pequeña crisis como antes –haciéndose cargo– y que ahora rendirse y dejar que aflorara la nueva Linda que ella tanto había deseado era un acto de amor. Entender que no tenemos el control de todo es una forma de amor propio. Entender que nadie está esperando que seamos la Mujer Maravilla es un acto de cuidado personal, aceptación y amor. Entender que parar en medio del carril es una forma de estar en el camino hacia la evolución, también lo es. Cambiar de tren, cambiar de dirección, todo es parte de un proceso que fluye, que vibra, que no para, porque somos VIDA.

Y le quedó claro. Luego vino el reto de comunicarle a su mundo, no con palabras sino con hechos y ejemplos, que la nueva Linda estaba para quedarse, pero eso es otra historia.

¿Sabes cuáles son tus estructuras actuales y qué tan útiles están siendo para lo que quieres lograr? Visita **www.miastral.com** y descarga gratuitamente los ejercicios correspondientes a este capítulo (ver instrucciones en la página 16).

Nuestra atención direcciona *nuestra* ENERGÍA, da vida DONDE REPOSA.

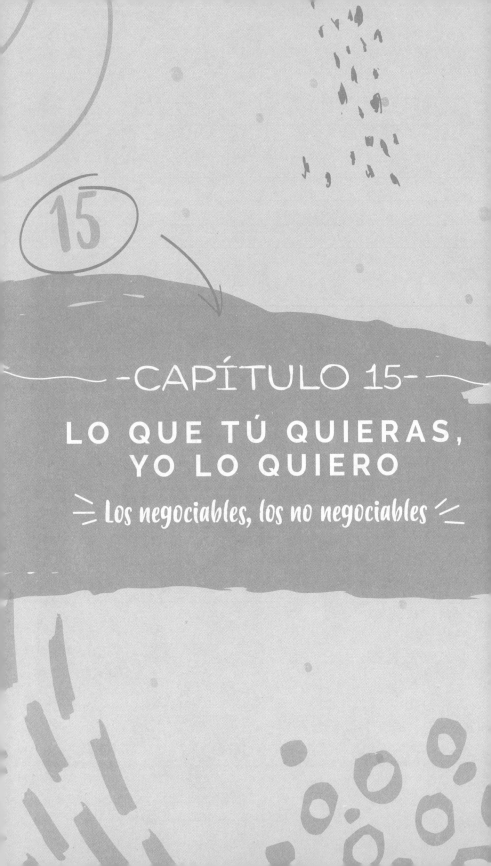

-CAPÍTULO 15-

LO QUE TÚ QUIERAS, YO LO QUIERO

≥ Los negociables, los no negociables ≤

Marte en Libra en la casa 7: su servidora.
Estrellita: Vamos a dejarlo hasta aquí por hoy.
Yo (anoto): "Cómo establecer una relación con un
hombre sin verlo como una competencia".

Así terminó una sesión con Estrellita en una de esas terapias en las que ya estaba liberada de Escorpio. El de la competencia era un tema que habíamos tocado hacía mucho tiempo, quizá a mis 29, pero en otro contexto y con muchas lecciones de vida menos.

La situación actual era la siguiente: yo ya estaba lista para salir de nuevo, ya estaba conociendo gente (recordar a Tauro, BabyB, Actor #4 y Ben, más otros que todavía no he mencionado), pero a la vez estaba muy despierta y no quería cometer los mismos errores ni caer en los mismos patrones.

Sin embargo…

En esa sesión le había contado a Estrellita que al parecer seguía moviéndome en piloto automático porque Ben, que ya me rondaba, estaba yendo muy rápido y muy furioso, como los anteriores.

Estrellita: Tú los eliges exactamente así: novios y rivales. Entonces miremos si al menos el patrón ha cambiado en algo. Veamos:

Es abogado… *check!* (mismo patrón).

Es *workaholic* (adicto al trabajo)… *check!* (mismo patrón).

Es ambicioso… *check!* (mismo patrón).

Es competitivo… *check!* (mismo patrón).

Te es fácil darle la vuelta…

Yo: Ay, Estrellita… no tanto.

Estrellita: ¿Sientes la necesidad de negociarle todo, todo el tiempo?…

Yo: ¡Aaay!

Esta era una conducta que se generaba de mi patrón. Consistía en que, en vez de colaborar, yo competía. Veía en mi pareja a alguien que me retaba, que quería que yo lo retara, lo que era divino al principio, pero después, o en ciertas ocasiones, se sentía como una rivalidad. Con Escorpio me pasaba mucho. Pensaba: "tú das, yo doy. No das, no doy. A ver quién da más. A ver quién cede más". Y obviamente, si leíste el capítulo anterior, sabrás que él se cansó de tener una rival, quería una compañera (cosa que entendí mucho después). Estaba claro, yo no quería repetir lo mismo con nadie más, ni siquiera con colegas o amigas, porque ya lo estaba notando.

Después de esa sesión –como suele pasar– manejé una hora de vuelta a mi casa, necesitaba *time out*. No quedaba más que procesar la información.

Ben me había escrito varias veces, me había llamado también, pero no tenía cabeza para hablar. Después logré salir de mi posición egoísta y lo llamé muy tarde, como para darle un toque dulce al asunto y descansar, porque estaba emocionalmente drenada. Como siempre me pasa con él, una llamada no puede ser sólo una llamada. Cinco minutos se convierten en tres horas y no podemos parar.

En la conversación, Ben estaba hablando de los planes del fin de semana, y yo empecé a negociarle de una vez. No había ninguna razón para hacerlo, sólo que eso era lo mío: argumentar. Él es muy persuasivo y el mejor dándome la vuelta a mí, pero esta vez...

> **Ben:** ¿No estás haciendo justamente lo que hablaste con Estrellita? Mira, no me tienes que negociar. Yo lo que quiero es estar contigo, así que tú dime qué quieres. El lema es: "lo que tú quieras, yo lo quiero; cuando tú quieras, yo quiero".

(Fue tan simple que me dejó fuera de lugar. No me dio cancha para jugar, no tenía más nada que argumentar).

> **Yo:** ...

(Esto era nuevo).

> **Yo:** Ajá...

(Aunque intenté cambiar el tema, él continuó...).

> **Ben:** Hagamos algo. Como lo hablaste con Chloe hace meses, pongamos en un cuadro imaginario los negociables y no negociables.

"Los negociables y no negociables" era una teoría de Chloe. La primera vez que la escuché fue cuando hicimos el ejercicio de la pizarra con Aniella. En una parte pusimos los hechos con las fechas en las que Scott había sido... Scott. Del otro lado de la pizarra estaban los negociables y no negociables que le íbamos a sacar a Aniella a punta de interrogación, como detenida en el FBI, para que se diera cuenta de cómo estaban las cosas.

La teoría de los negociables y los no negociables

Negociable: lo que quizá no te gusta pero en lo que puedes ceder, cambiar, llegar a un acuerdo.

No negociable: lo que no se permite. Lo que no está dentro de ti perdonar.

Para algun@s un no negociable puede ser una infidelidad, para otr@s, que la otra persona le falte el respeto a algún familiar. Cada cabeza es un mundo, y tus negociables y no negociables son muy tuyos, lo importante es que los conozcas y también que entiendas que pueden ir cambiando con tu trabajo de consciencia, así que actualízate.

Ben: Que sean los negociables los que nos den oportunidad de negociar y disfrutar el proceso porque nos encanta a los dos. Pero de resto, lo más importante es que no sientas que soy tu competencia o rival.

(Oh, wow).

Yo pensaba: "no me lo creo, no me lo creo, no me lo creo". Pero me lo creí, porque uno elige su experiencia y, en ese momento, la mía era que YO estaba rompiendo mi patrón desde adentro, y un participante hermoso me estaba ayudando. Sabía que si me mantenía centrada en el trabajo de terminar de romperlo, podría avanzar, por mí, para mí, para poder compartir con él o con las experiencias que vinieran.

Acá me voy a enfocar un poco más en el caso de las chicas. Por entonces yo estaba armando una ponencia sobre la mujer empoderada en estos tiempos. Esta mujer es –en concepto y en experiencia– muy diferente a la de ayer, y no me refiero a hace mucho, con ir cuatro años atrás tenemos. La mujer empoderada antes (circa periodo de Tantras Urbanos) tenía que ver con ser productiva, alcanzar ciertos roles. Con la glorificación de estar ocupada o poder mantenerse, darse seguridad y a veces (duro decirlo) convertirse en el hombre que perdieron o nunca tuvieron. Sé que much@s acá van a decir que esto tiene siglos pasando, pero no estaba tan consciente como cuando en 2012 toda la información empezó a explotar, y fue al mismo tiempo cuando pudimos darnos en verdad una mano, así sea virtualmente hablando.

La mujer empoderada de ahora está trabajando con intensidad en volver a abrirse, en confiar en sí misma, en soltar el control, en regularse emocionalmente. Se pregunta por qué le cuesta lograr en su vida emocional lo que logra en el ámbito profesional y cómo puede hacer para vibrar más alto y alinearse con alguien que sea un igual. También tiene la tarea de luchar contra premisas instaladas que le dicen que "a cierta edad no se puede hacer x" o que "sí es independiente, entonces pasará x".

Esto de lograr ser suavecitas por fuera y fuertes por dentro (como decía mi abuela), de tener un verdadero discernimiento sobre cuándo usar la energía femenina y cuándo la masculina, ha sido un reto.

Técnicas hay muchas, y vas a ver varias en los ejercicios de este capítulo, pero lo que he detectado como un patrón es que cuando la mujer fuerte por fuera se da el chance de ser vulnerable, viene un rompimiento, un desbalance que la lleva a crear un nuevo balance entre su energía femenina y su energía masculina.

Está el caso de Amalia.

Amalia (muy Virgo) andaba por los 27 años cuando ya tenía una firma de bienes raíces bajo su mando. Le iba muy, pero muy bien. Era además muy activa: entrenaba conmigo a las cinco de la mañana, encontraba tiempo para ir a yoga al mediodía, se cuidaba muy bien y era muy cariñosa. A sus 28 se comprometió con su novio, que era un chico en sus 30 largos con varios emprendimientos geniales bajo el brazo. Al aceptar el compromiso, él le pidió que dejara de trabajar y que se "centrara" en asuntos de la boda. Pasaron varios meses antes de que ella lo hiciera. Organizaron una boda

La mujer empoderada de ahora está trabajando con intensidad en volver a abrirse, en confiar en sí misma, en soltar el control, en regularse emocionalmente.

enorme por más de 13 meses. Ya por ahí ella pasaba de energía masculina de mando a energía masculina con fachada femenina cuando su "único trabajo" era este asunto de la boda.

Y faltaba poco...

Un par de días antes de la boda, ella rompió el compromiso por motivos que una Virgo como ella nunca va a contar, pero que tenían que ver con uno de sus no negociables. Ella misma decidió irse del apartamento, volver a casa de su mamá y empezar desde cero. Much@s pensarían que en ese momento fue más masculina que nunca, pues emprendió una acción difícil de asumir, pero no fue así. Amalia fue fuerte, eso no está en duda, pero la fuerza que la llevó a tomar la decisión fue la femenina, cargada de amor propio.

Y fue por haber vibrado con su energía femenina (que incluso puede ser más fuerte que la masculina cuando de manifestar en la realidad se trata) que en un año ya tenía trabajo y un proyecto personal que la enciende, estaba en una nueva relación y compartiendo con muchas amigas, a diferencia de cuando tenía su relación anterior.

No estoy diciendo que Amalia sea el ejemplo absoluto de la mujer empoderada de ahora. Si la conocieras, lo primero que pensarías es que es la chica más dulce, jocosa y empática del salón. Y es justamente eso: hay lugares donde la gracia te lleva al empuje, y eso empieza contigo, dentro de ti.

Para mí rivalizar o competir con el otro era sólo una manifestación de cómo me retaba a mí misma. Pero ya estaba emocionalmente drenada. Y aunque podía explicar esto con mi Marte (planeta de la guerra, la acción) en Libra (signo de las relaciones) en mi casa 7 (casa de socios y parejas)*, la batalla ya no me hacía gracia. Ahora sabía que quería y podía elevar esa posición

---

* *Fun fact:* Ben nació también con Marte en Libra, en el mismo grado matemático que el mío.

de mi carta para ser la que colabora de manera animada con alguien que es lo suficientemente fuerte para llevarme de la mano y recordarme que –¡gracias, Libra!– también me puedo equilibrar y relajar.

Si aún no sabes cuáles son tus negociables y no negociables indaga en ti y atrévete a establecer sanos límites. Visita **www.miastral.com** y descarga gratuitamente los ejercicios correspondientes a este capítulo (ver instrucciones en la página 16).

Una oposición no es una guerra, es una negociación, es lo que me permite conocer quién soy y mis términos.

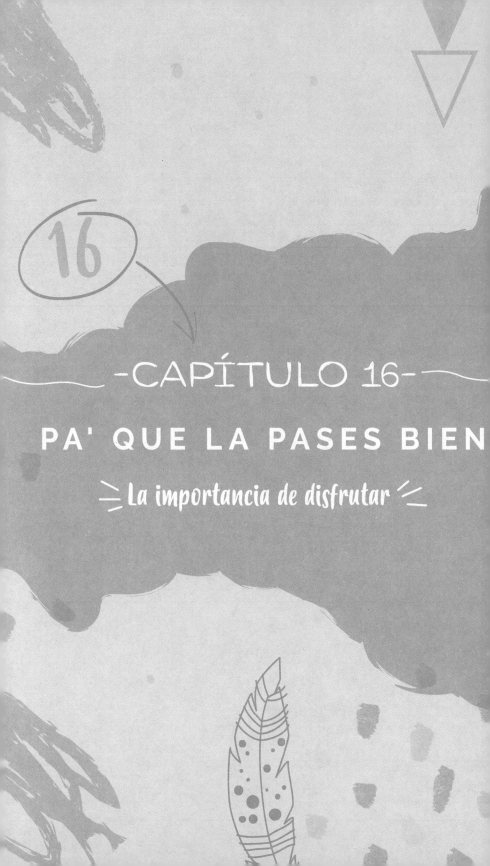

-CAPÍTULO 16-

PA' QUE LA PASES BIEN

La importancia de disfrutar

No sé si conoces *Un curso de milagros*, de Helen Cohn Schucman. Es un libro que explica cómo trabajar a nivel de causa para generar cambios en la realidad material. Es un texto grande y denso, hay muchísimas guías para interpretarlo porque requiere paciencia y cierto nivel de consciencia. Desde que recuerdo lo estoy estudiando, y como se me da esto de simplificar las cosas, te voy a resumir una premisa muy importante que se desarrolla ahí: el tiempo pasa más rápido cuando nos la pasamos bien.

Para ir un poco más profundo –pero no demasiado–, el tiempo es una ilusión, aunque sea una herramienta muy buena para organizarnos. En verdad nadie puede asegurarte que cuando un año se está acabando, se está terminando un ciclo, pues "un año" es más una medida establecida por el hombre. Tampoco nadie te explica por qué una hora dura 60 minutos o por qué a ti te toma tres meses superar a alguien y a otr@s más les toma dos años. El tiempo no sólo es creado por el hombre (cuando se trata de medidas generales), sino que es creado por cada uno de nosotros según nuestro nivel de consciencia.

En referencia a esto último, el tiempo pasa más rápido si disfrutamos el momento presente, y lo más cómico es que en medio de eso, no hay tiempo.

A ver: cuando estás hablando con alguien que te encanta, no miras el reloj, quieres que la noche no termine. El tiempo se pasa volando, y jamás cuentas los minutos. En cambio cuando estás en el banco parece que los minutos no avanzan y se siente que el tiempo es eterno.

Dejo esto claro y voy con la historia.

Tal vez te preguntes cuánto tiempo me tomó superar a Escorpio. La respuesta es: tanto tiempo como me costó suavizarme y ser vulnerable…, saber que soy humana y que estas cosas pasan. A uno se le rompe el corazón. Uno se hace ideas de que "esto es para siempre", a pesar de que sabe que los *breakups* son cosas que pasan. Uno se mete en la historia y, bueno… para concluir, fueron (apenas) tres meses.

Y lo cuento porque…

Si a mí me hubieran dicho: "vas a estar *down* por tres meses", me amarro la camisa, me preparo y ¡vamos! Pero yo no lo sabía, y por la manera en la que me sentía, juro que pensé que podía estar así mucho tiempo. Pero entre más me suavizaba conmigo, menos dolor sentía. Pasé de desear ser cualquier persona que no conociera a Escorpio (literal, miraba a la gente y decía: "ella es feliz, porque ella no lo conoce") a reírme a carcajadas, aunque después me volviera a quedar muy callada. Pero es así. Un día te empiezas a reír. Te reconoces más humana, más simple, más suave y sí… con el corazón aún abierto.

Fueron exactamente tres meses, como marcados por un reloj interno. Luego empecé a disfrutarme, y mi disfrute no tenía que ver con los chicos que había conocido en esos tres meses: *yo* me estaba disfrutando. Ya no tenía ganas de salir para distraerme o de irme de donde estaba porque no aguantaba la bulla. Al fin tenía apetito. Al fin no medía lo que podía importar a otros que estaban cerca de mí y de él. Era yo otra vez, pero mejor.

Después de los tres meses vinieron las tres semanas más rápidas de las que tengo memoria. Recuerdo que un sábado en la tarde subí un *snap* que decía "las cosas están cambiando muy rápido", asombrada al comparar ese día con un sábado de un mes atrás. Ese mismo fin de semana fue que conocí a Ben, y a partir de allí el tiempo empezó a pasar demasiado rápido.

Llevaba un rato saliendo con él y pasándomela genial, cuando, un día, después de clase de pilates, le dije a Chloe:

Yo: bueno, y ¿qué pasa si estoy perdiendo el tiempo?, ¿qué pasa si me gusta demasiado?

Chloe: Ay, Dios mío, ya lo vas a mandar a la mismísima m… Ahora que tenemos planes para el fin de semana. Dime de una vez, ¿van o no van?

Yo: Chloe, no lo soporto. No soporto pensar en él constantemente entre un artículo y otro, no soporto que sea tan bello, así no se puede vivir.

(Lo digo entre risas, porque es mi manera de decir que me gusta mucho mucho, y Chloe entiende porque nos conocemos desde chiquitas).

Chloe: ¿Alguna vez te conté el cuento del sofá?

Yo: No.

Chloe: Qué raro, me lo contó mi papá. Había una vez una pareja. El hombre juraba que su mujer le era infiel en su casa mientras él trabajaba. Una tarde, el hombre salió temprano del trabajo y llegó a su casa a ver si era verdad, y ¡pum!, era cierto. La mujer estaba con el amante en el sofá y el hombre dijo: "se acabó, voy a botar el sofá".

Tal vez te preguntes cuánto tiempo me tomó superar a Escorpio. La respuesta es: tanto tiempo como me costó suavizarme y ser vulnerable...

Yo: Entiendo. No es el sofá. No se trata de Ben. Mañana puede ser José, Juan, etcétera. Yo sé que la única manera de alejarme de mi patrón es acercándome a otros, pero, ay, ¡la bola de nieve!*

Chloe: Ya va, tú no te estás yendo con otro de cabeza como siempre. A Escorpio lo lloraste, lo enterraste y le hiciste cuaresma en la oficina de Estrellita. Jamás te habíamos visto así. No eres la misma, deshiciste esa bola de m... de nieve.

(Ajá, ajá).

Tenía que parar un poco para apreciar mi proceso, porque en verdad, de todas las cosas que había vivido, la ruptura con Escorpio había sido... especial.

Menos mal que escuché el cuento del sofá, porque las cosas que vinieron después me llevaron al punto de giro, que no tenía que ver con Ben, sino conmigo. Son mis patrones, los que sostengo rotos, los nuevos que estoy creando.

Pero volviendo al tema del tiempo, estudios sociales comprueban que cuando nos sentimos bien, nuestro lenguaje corporal cambia y nos hace ser más receptivos y es más fácil que se nos acerquen. Mientras que cuando estamos tensos y con carita de circunstancia, está difícil. Y yo te pregunto... ¿De dónde viene esa actitud? ¿De dónde nace esa carita? De lo que pensamos. Somos un magneto de personas y situaciones que hacen reflejo de nuestros pensamientos dominantes. ¿Recuerdas la historia de Aniella (capítulos 7 y 11)? No bastaba con que ella saliera a conocer gente si aún

---

* "La bola de nieve" fue una clase de consciencia que nació de una conversación que tuve con Carito hace un par de años. Estábamos hablando de un amigo que salía de una relación y entraba a otra, se casaba, se divorciaba, tenía otra novia, le daba anillo, rompían el compromiso (Géminis, usted verá), y ella me dijo: "mira, a él le va a caer la bola de nieve. Un día va a parar y todo lo que no ha trabajado luego de dejar mal a las chicas, de cortarlas sin razón, todo ese mal karma y cúmulo de situaciones internas lo van a atropellar. (Dicho y hecho, por cierto).

estaba enganchada con Scott, faltaba que lo sacara de su sistema, que se diera más atención, que atendiera sus cosas, que se divirtiera más para que los demás se sintieran magnetizados hacia ella. Porque ¿quién no quiere estar cerca de alguien que es energía?

Si te dijeran que te queda una semana de vida aseguro que vivirías los próximos siete días al máximo. Ni tú ni yo sabemos cuánto tiempo nos queda en la Tierra, pero sí sabemos que más vale un día colorado que toda la vida descolorido, y que por más que botemos el sofá, igual tendremos que hacer frente a nuestros patrones y limitaciones. La manera de hacerlo es relacionándonos, pues en la conexión con otros habrá encuentros de contraste que nos enseñan y nos motivan a ser cada vez mejores. Habrá conexiones fantásticas que nos muestran partes de nosotros que no conocíamos. Habrá "para siempre" que se acaban mañana y los "hoy por hoy" que se hacen eternos.

Nada cambia si uno no cambia, y nada nos motiva a hacerlo más que el amor (y no sólo el de pareja).

Trae tu consciencia al presente y disfruta cada segundo.
Visita **www.miastral.com** y descarga gratuitamente
los ejercicios correspondientes a este capítulo
(ver instrucciones en la página 16).

LA luz ACORTA EL tiempo y CONVIERTE el trabajo EN AMOR.

-CAPÍTULO 17-

ÁGAPE

Ante todo, la amistad

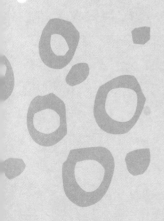

Hay una buena razón por la cual los kabalistas celebran Tu B'Av* (San Valentín judío) el día de la luna llena en Acuario, que se da en el mes Leo: si tomamos en cuenta que Leo es el signo del ego, del Sol, de saber lo que nos hace brillar, en su luna llena la Luna toma luz del Sol en ese signo y le dice: "no eres el único que brilla. Tu función es brillar para dar luz a los demás, para compartir, y así recibirás luz de vuelta".

En la astrología, Acuario es el signo del ambiente circundante, de lo social, de los amigos. ¿Por qué se celebraría el día del amor con esta energía y no

---

* Tu B'Av es la apertura del amor y el corazón a nivel de Kabbalah. Se celebra el día de la luna llena en Acuario de cada año, en el que empieza un juicio de 40 días antes del Año Nuevo judío para saber qué queremos llevar o no a un nuevo año de vida. En esta festividad podemos tomar la decisión de atraer a nuestra alma gemela.

en el mes Libra (relaciones) o Piscis (el amor incondicional)? ¿Por qué se celebra San Valentín en febrero que es el mes de Acuario?

Ummm…

Está claro: la base de una buena relación es la amistad genuina, el ágape*. Si existe ese fundamento, la resolución de conflictos es más fácil, el entendimiento se da mejor, hay intereses en común y cuando se mezcla con atracción es algo realmente delicioso.

Mi relación con Escorpio fue así: fuimos novios cuando empecé la carrera de Derecho. Allí no funcionó porque ambos estábamos muy jóvenes y yo tenía una historia interminable con *The Hulk*, que duró 11 años. Pero Escorpio y yo nos hicimos muy buenos amigos, al estilo de no separarnos nunca, de irnos de viaje juntos. Todos mis novios lo odiaban y todas sus novias me odiaban a mí.

Sin ponernos de acuerdo, ambos nos fuimos de nuestro país natal a vivir a la misma ciudad y por casualidad terminamos viviendo en el mismo edificio. Para entonces andábamos cada uno en lo suyo; él ya se había casado y divorciado y yo andaba en una nueva relación, pero seguíamos encontrándonos por todos lados. Con las vueltas que da la vida, él resultó haciéndose muy amigo de Chloe y ella me lo mencionaba todo el rato. Yo estaba 100% concentrada en Miastral, lo que implicaba unas serias negociaciones con el Universo, así que no prestaba mucha atención al tema. Pero un día que Venus en mi signo conectó con Urano (planeta que

---

* En su obra *El banquete*, Platón habla de tres tipos de amor: eros (amor apasionado), philia (amor filial) y ágape (amor espiritual). Este último es el amor desinteresado, la ternura, la delicadeza, la no violencia. No es el erotismo que arrasa el tú y yo de la amistad, es la entrega hecha amor. Es la dimensión más pura, es la benevolencia sin contaminaciones egoístas en el amor. No es irreal ni idealizado, porque incluso el ágape tiene condiciones. Es simplemente la capacidad de renunciar a la fuerza y el control, rindiéndose a la persona amada. Está lejos de ser sólo sentir el placer erótico o la alegría amistosa, es pura compasión. El amor de este tipo no requiere esfuerzo, en él no hay espacio para "mi agenda". Es la última etapa en la evolución del amor.

rige Acuario)* en Aries, se me cruzaron los cables, nos encontramos y allí empezó la historia que conoces.

Una de las razones por las que inicié la relación de manera consciente es porque él realmente me conoce. No a Mia, no a Miastral, él realmente sabe quién soy yo. La base de amistad hizo que la etapa de *dating* pasará muy rápido y saltara a "somos novios, vamos a vivir juntos, nos amamos para siempre". Todo el mundo a nuestro alrededor pensó que esto era *the real deal*.

Algo aprendí de ese tema de iniciar relaciones con amigos… en la astrología hay tres casas de la rueda zodiacal relacionadas con el amor: la 5, cuando el romance comienza; la 7, el compromiso, y la 8, la fusión de energías donde el ego desaparece para poder sentir unión.

Bueno, Escorpio y yo pasamos de 5 a 7 en un segundo, y es un error que recomiendo no cometer. No importa que se conozcan de siempre, vive tu casa 5, vive las salidas, el cortejo, el conocerse de nuevo en esa dinámica, porque aunque sientas demasiado, si no vives esta etapa no se crea profundidad.

El resto de la historia de la relación es justo eso… historia, pero lo que quiero agregar acá es que aunque no hay nada más delicioso que vivir este tipo de relación, a menos que traces sanos límites para que crezca en su nueva dinámica, puede no funcionar. Evidentemente.

En cambio conozco dos a quienes sí les funcionó… a Cata y su gordito.

Ya te he hablado de Cata. Una vez que fue a visitar a una amiga se reencontró con alguien que –ay, ciclos de Venus– tenía 16 años sin ver. La chispa entre

---

* Las relaciones que empiezan con alineaciones de Urano comienzan rápido pero pueden terminarse rápido también. Lo mejor es iniciar con alineaciones de Saturno, aunque uno no puede controlar eso, ya que las cosas pasan como deben pasar.

ellos se encendió como nunca antes. Ellos no habían sido novios, pero sí muy buenos amigos. Ahora, ya ambos en sus treinta y con ganas de una relación estable, se engancharon. El detalle es que él vivía muy lejos. Pasaron dos semanas lindas y ella se vino de vuelta emocionada pero con muchas dudas. Justo en ese momento yo pasaba por la ruptura con Escorpio y estaba muy cínica ante ese tipo de relaciones que nacen de la amistad, pero ella probó de manera estelar que sí se puede, y una de las situaciones que ayudó en el proceso es que, como el gordito vivía lejos, habían tenido el chance de hablar mucho antes de estar uno encima del otro nublando sus razones. Durante dos meses estuvieron hablando por todos los medios que la tecnología ofrece ahora, hasta que quedaron en verse en un viaje de vacaciones –por cierto, este tipo de historia está sucediendo mucho ahora gracias a las redes sociales (energía Acuario) que propician encuentros con personas a quienes les habíamos perdido la pista–.

Lógicamente, muchos muchos detalles debían afinarse antes del encuentro que decidiría todo. Cata estaba en modo "todo por la corona" y nosotras la apoyamos. Retos de pilates, ropa nueva, evaluar las posibilidades… todas estábamos en ese sueño. Como dije hace unos capítulos, Cata llevaba más de nueve años sin salir con nadie. Estaba trabajando en sí misma, en sentirse bien con su cuerpo, en transformar patrones de la infancia (¡Estrellita para presidente!), y de un año para acá había experimentado un despertar increíble, drástico. Justo antes de irse al viaje en el que se reencontró con el gordito, estaba vibrando alto, pasándola bien, y no me refiero a rumba, sino a pasarla verdaderamente bien, a disfrutarse, a darse gustos (cosa que antes no hacía), y fue allí cuando "las estrellas se alinearon". Mi predicción para Acuario con el tránsito de Júpiter por Libra (vaya al extranjero) no se quedó corta, y todo sucedió: la base de amistad y respeto y haber dejado el contacto íntimo para después, luego de tanto tiempo hablando a toda hora, realmente hicieron maravillas.

Ahí es cuando uno entiende que las relaciones deben ser conscientes, y que para eso tú tienes que estar consciente. No es soplar y "ay, nació relación". Tampoco es que haya un ser humano que sea sólo para ti: hay personas con las que somos compatibles, con las que tenemos química y con quienes nos topamos en buen *timing*. Pero el resto depende de la voluntad y de lo que ambas partes estén dispuestas a invertir en crear algo. En las relaciones se trabaja, lo que pasa es que cuando tienes un buen *match*, el trabajo es delicioso.

Hay mucho más que contar sobre la historia de Cata y su gordito, que se sigue tejiendo mientras escribo este libro, pero por ahora están avanzando para que él se venga a trabajar para acá porque ya no quieren una relación a distancia. Desde que están juntos, lo mejor de ambos ha florecido en todas las áreas de su vida. Cuando hay potencial, ganas, buena voluntad de compartir con alguien que se siente "justamente bien", todo es posible, y por eso las cosas entre Cata y el gordito se están moviendo súper rápido.

Lección rápida de astrología
Algunos signos amigos que pueden enamorarse

Géminis y Sagitario
Este dúo tiende a empezar como una amistad que quiere experimentarlo todo, viajar y pasarla bien, y el *mood* es: "mi pareja no lo entiende, pero tú sí y me dejas ser". Luego se cruzan los cables y a menos de que tengan a Saturno bien posicionado y ambas personas hayan madurado emocionalmente, puede que tanta búsqueda de libertad les haga entender que siempre debieron quedarse como buenos amigos.

Acuario y Sagitario
Acuario siempre está list@ para los planes de Sagitario y no l@ juzga. Esto a Sagitario le encanta porque puede ser quien verdaderamente es y además tener con quien compartir sus aventuras sin que le impongan otras maneras de hacer las cosas (lo digo porque Sagitario también ama jugar

con Géminis, por ejemplo, pero ahí no funciona, porque en este caso se juntan el hambre y las ganas de comer). Con Acuario, Sagitario lleva el control, pero lo que no sabe es que Acuario no aguanta el sube y baja todo el tiempo. Entonces, o quedan de amigos para aventuras varias, o pueden pasar de amigos a novios si Sagitario empieza a bajar sus revoluciones.

Escorpio y Piscis

Escorpio ama la empatía que siente de parte de Piscis. Un día se da cuenta de que no hay como Piscis para relajarse, descargarse, ser como es y, además, sentirse consentid@ y admirad@. Aunque Escorpio piensa que tiene el control de Piscis, los peces son personas con el corazón MUY grande y tratan al escorpión igual que al resto del zodiaco. Para que esta amistad se torne en amor y compromiso, Escorpio debe dejar de subestimar a Piscis y darle gusto, esa es la carnada para mantener al pez fiel y cerca.

Libra y Acuario

Esta combinación es deliciosa porque se da sin forzarla. Quizá allí está el detalle. Libra quiere pero no se impone, sólo lanza indirectas. Acuario se apena. Pueden estar enamorados mucho tiempo antes de que uno de los dos dé un paso. Si el hombre es el Libra, hay más chance de que una relación amorosa se manifieste.

Tips para que una relación amorosa entre dos amigos funcione

1. Mantengan el misterio en sus rituales individuales. Es decir, por mucha confianza que se tengan, guárdense para sí mismos esos detalles súper privados que pertenecen al plano individual.

2. No usen los mismos apodos que usaban cuando estaban de amigos.

3. Antes de decidirse a ser pareja, tómense un tiempo para entender el paso que darán, evalúen lo que eso significa en su relación y en su vida personal. Es importante hacer ese trabajo interno.

4. La primera vez que estén juntos en la intimidad, procuren que sea súper especial, aprovechen todo lo que saben el uno del otro e incorporen detalles para sorprenderse.

5. Dejen claro, clarísimo, que son novios y que ya no están en la categoría de amigos. Procuren tener algo así como "las reglas de la relación". Dejen claro que no es una amistad con derechos, tanto para ustedes como para sus pares. No confundan su relación pasada de amigos con el presente, ahora comienza una nueva forma de relacionarse.

6. Si eran amigos (ojo, amigos de verdad), el Juan sabe de los Juanes anteriores y la Elena sabe de las Elenas, así que hay que conseguir un *middleground* para alguien que sabe todo.

7. Ambos tienen que recordar que están iniciando una relación. Si bien el amor es *friendship set on fire* (amistad puesta al fuego), él o ella no es tu bff (*best friend forever*, mejor amigo para siempre), no es tu Samantha (de *Sex and the City*) y menos tu mejor amigo gay. Tú tampoco eres su *bro* (su "hermano"). Hay involucradas otras emociones, otras situaciones, y se construye una intimidad muy distinta.

8. Libérense por la culpa o el miedo por sentir lo que sienten, afronten la situación juntos.

9. Si comparten un grupo de amigos, creen momentos íntimos que se diferencien de las salidas con el resto de gente. Ábranse a compartir con los amigos lo que sienten para que entiendan que no es una aventura.

10. Compórtense con naturalidad, no caigan en posturas de "la amiga o el amigo versus la novia o el novio".

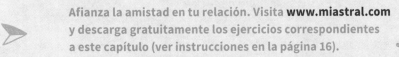

Afianza la amistad en tu relación. Visita **www.miastral.com** y descarga gratuitamente los ejercicios correspondientes a este capítulo (ver instrucciones en la página 16).

Ambos DEBEN QUERER esto, y ambos deben ESTAR conscientes de LO QUE QUIEREN.

18

-CAPÍTULO 18-
СПАСИБО, SPASIBO, GRACIAS

⪴ Las relaciones conscientes ⪴

En un espacio entre Escorpio y Ben, tuve una relación con, llamémoslo, El Ruso. El Ruso es Leo, ascendente Acuario. Nodos en Leo y Acuario, Júpiter en Libra.

Yo entré en su vida un poco antes de que Júpiter entrara en ese signo, así que él estaría teniendo su retorno. Los nodos también estaban llegando a las posiciones natales de él, así que sabía que era una persona que estaba pasando por un momento muy significativo en su vida y decidí, conscientemente, ser parte. Y allí empezó todo, en la intención.

Lección rápida de astrología

Retorno es cuando un planeta de tránsito va a volver a una posición natal. El retorno de Júpiter se da cada 12 años, y se trata de un año de crecimiento, reconocer tu abundancia interna, cómo eres canal de bendiciones para otros. Mucho depende de dónde está Júpiter en tu carta y en cuál signo.

El retorno nodal es cuando los nodos de tránsito (puntos matemáticos donde suceden los eclipses) vuelven a los lugares en los que estaban cuando tú naciste. Cada nueve años hay un retorno nodal, pero no exacto, sino inverso. De todas maneras, son 19 meses en los cuales los eclipses te llevarán de la mano a tu carril de vida, la razón de encarnación.

El Ruso y yo nos conocimos en un evento de meditación, porque es fundador de centros de yoga y meditación en la ciudad en la que vivo. A sus cortos 35 años tenía una buena trayectoria, una barba increíble, pelo leonino de impacto y una destreza única para envolver a las personas, al menos para bien.

Este hombre podía lanzar una campaña política mañana y ganar. Sus causas –que defiende con mucha pasión– encantan a otros por la manera como él las expresa. Yo nunca había salido con alguien a quien personas de todo tipo se le arrojaran con tanta admiración. Todo el mundo lo ama, menos mis amigas, pero no porque sea malo en algún sentido, sino porque ellas decían que nos parecíamos mucho en muchas cosas, y que usualmente sólo hay espacio para que una persona se robe el *show*. Yo no lo sentía así, no me considero así y, para ser honesta, me encantaba verlo brillar.

La relación no se dio de manera lineal. Tendíamos a coincidir en muchos eventos porque nos gustan las mismas cosas, y finalmente empezamos a salir. Para mí, salir con alguien que no toma alcohol, que es 100% vegano, con quien podía hablar hasta las cinco de la mañana de temas que son "raros" para otros, estando en un jardín o en una fiesta donde a pesar de la gente sólo existíamos nosotros dos, era algo muy diferente. Eso de meditar en las mañanas al levantarnos, de tomarnos el agua con limón, el jugo verde y discutir brevemente la intención del día, en verdad era hermoso.

Con El Ruso aprendí lo que era una relación consciente, una relación en la que se decide estar, en la que se puede hablar con claridad de quien uno es, de lo que se quiere lograr. En la que uno escoge dar lo mejor todos los días, en compartir sin agenda. En la que no hay juegos mentales, hay retos juntos en los que el otro puede ver cuándo te estás saboteando y traerlo a tu atención, en la que ambos quieren ser buenos, muy buenos en la resolución de conflictos. Una relación en la cual la meta es crecer y amas al otro queriendo que sea mejor, que sus objetivos sean alcanzados. Una relación en la que se respeta el espacio del otro, en la que el pasado sólo suma… la relación con El Ruso fue parte del proceso para llegar hasta acá.

El aprendizaje en esos meses fue constante, considero que logramos cosas lindas juntos, no sólo para nosotros, sino incluso para otras personas a nuestro alrededor, pero como él me dijo y lo mencioné en un capítulo anterior, hay tres requisitos indispensables en una relación: atracción, compatibilidad y *timing*.

El punto sobre la atracción no hay ni que explicarlo. La otra persona debe gustarte. Si en la atracción se incluye la admiración, es excelente. De mi parte considero que admirar al otro es lo que te mantiene con ganas de crecer y mejorar. Sobre la compatibilidad, esta va más allá de que te gusten las mismas canciones que al otro. Ya adultos, se trata de compatibilidad hasta en valores, en las metas que tienen individualmente, sentirte a gusto con quien es el otro. Y en cuanto al *timing,* que es el punto difícil, se trata de que ambas personas estén listas para una relación, porque por mucha atracción y compatibilidad que haya, si uno se está mudando de país o está en otra relación, no va a estar allí 100%.

Y por eso, porque a mí me faltaba un requisito, tuve que terminar. El *timing* no era el correcto para mí. De la manera menos adulta envié un mensaje de "adiós" por el que me disculpé más adelante en un correo. Y aun en ese momento, El Ruso me dio una lección de amor y comprensión. Por eso, y por todo lo que he contado en estas páginas, le estaré agradecida por siempre.

Ahora… para resumir un poco este tema de las relaciones conscientes, te explico:

¿POR QUÉ QUEREMOS UNA RELACIÓN CONSCIENTE?

1. Porque somos muy inteligentes como para permitirnos ser el único obstáculo en el camino que nos enseña a amar.

2. Porque no hemos llegado hasta acá sólo para "llegar hasta acá".

3. Porque queremos compartir el proceso interior con alguien que lo acelere.

4. Porque es en las relaciones de pareja donde más vamos a ver lo que proyectamos y a veces no queremos aceptar.

5. Porque hay un tipo de crecimiento que podemos hacemos solos, pero hay otro tipo de crecimiento que se hace junto a otros.

6. Porque no queremos y no podemos seguir iniciando relaciones para olvidar el pasado, para llenar un vacío o por cualquier otra razón egoísta en la que se desarrolla una interacción entre uno y su propio ego, donde el otro en verdad no tiene ni cabida.

7. Porque queremos saber desde el inicio que nuestra relación tiene una intención verdadera, que no está viciada.

MANDAMIENTOS DE UNA RELACIÓN CONSCIENTE

1. **Escucha activamente:** *escucha* realmente al otro; no lo oigas sólo para saber qué responder.

2. **Sé suave:** no juzgues, sé dulce contigo y con el otro.

3. **Practica el desapego:** preséntate con tu 100% y no esperes nada, ten una intención pero no tengas agenda, no esperes algo. Ve sin expectativas.

4. **Explora:** aventúrate a hacer cosas nuevas con el otro, indaga en situaciones diferentes. Invierte tiempo en tu pareja, organízate, juega, ríete.

5. **Sal de la mente:** procura tener experiencias sensoriales con el otro, dale un masaje, vayan a la playa, conecten...

6. **Dale espacio al otro:** respeta el tiempo a solas de la otra persona, entiéndela, dale el tiempo para que comparta con otros y haga lo que le gusta y valora.

7. **Deja al otro ser:** permite que la otra persona pueda revelar su naturaleza y ser quien es, no te hagas historias, deja que manifieste y no trates de controlar.

8. **Comparte tus intenciones y sueños:** en la mañana, establece conjuntamente una intención para el día y comparte tus reflexiones en la noche.

9. **Desarróllate constantemente:** cada uno por aparte, en lo que hace, debe seguir creciendo con sus propios proyectos y metas. Cuando cada quien trabaja en su individualidad tiene más que ofrecer.

10. **Demuestra el cariño:** no te dé pena ser dulce, incluso si es en público. Esto te abre a que se desborde el amor.

11. **Ten claro que el crecimiento y el propósito vienen primero:** escoge como compañer@ a una persona para quien la luz sea lo principal. Lo más importante es salir de tu ego y compartir.

12. **Toma responsabilidad:** no señales ni culpes al otro. Ten la valentía de cachar las proyecciones que puedes estar haciendo en el otro, y a cada instante hazte consciente de cómo estás manejando tu relación personal.

13. **No juzgues:** a veces caemos en juicios sobre temas que no son más que patrones que nos acompañan. Evítalos, sé parte del proceso y ayuda al otro a mejorar.

14. **No reacciones:** si te sientes dolid@ y haces un comentario mal intencionado o cargado de emoción, puedes poner al otro a la defensiva y le cierras la puerta al entendimiento. Hazte consciente de tus reacciones y para un momento antes de permitirte tenerlas.

15. **No fuerces las cosas:** si ambas partes están trabajando de manera consciente, cada etapa se desarrollará a su ritmo. Las etapas se viven, no se obligan.

Empieza a manifestar una relación consciente o a transformar la que ya tienes. Visita **www.miastral.com** y descarga gratuitamente los ejercicios correspondientes a este capítulo (ver instrucciones en la página 16).

Y allí, empezó TODO, en la INTENCIÓN.

-CAPÍTULO 19-

FIDEICOMISO EMOCIONAL

La certeza de lo que será

Hace mucho tiempo mi amiga Lisu, que es diseñadora, recibió una propuesta para ser parte del jurado de un reality show al estilo "juzguen al diseñador". Lo que le pedían hacer era evaluar y criticar el trabajo de personas que apenas se estaban iniciando en la industria.

Cuando Lisu me contó me emocioné mucho, porque aparecer en pantalla podía ayudarla muchísimo en su carrera, tendría exposición, su nombre estaría en grande. Por eso, cuando ella me contó que había declinado la oferta, le pregunté por qué, y ella contestó: "Mira, ya eso está allí. Si se presentó la oportunidad de estar en televisión es porque han visto mi trabajo y les llama la atención. Sé que algo similar puede volver a presentarse, pero de una manera que esté más de acuerdo con la forma en que me quiero mostrar. No quiero juzgar a personas que están pasando por lo que yo pasé y someterlas a un cierto nivel de humillación. No es justo ni deseado".

Quedé perpleja con mi carita de protagonista de novela mexicana mirando al infinito. Luego me pasaron por la cabeza todas las oportunidades que se me habían presentado y que yo había tomado por miedo a perderme de algo o a que no se volviera a dar el chance. Pensé en todas esas veces en que no me permití escuchar mi intuición y en cómo me sentí después.

Por el contrario, ya más adulta y después de esa conversación con Lisu, he visto las maravillas que ocurren cuando decido desde la consciencia, cuando decido sabiendo que tengo el derecho a elegir si quiero tomar esa oportunidad o una similar pero en mejores condiciones, porque he entendido que si una buena oportunidad se presenta es porque esa energía ya está disponible para mí.

A ver, en cuestión de relaciones…

¿Te ha pasado que te enamoras, sientes un *crush* gigante y cuando se acaba crees que más nunca se va a volver a repetir, que jamás te vas a volver a sentir así?

Sé que sí. Yo también lo sentí. Comenté en capítulos anteriores que lo que más me daba miedo era no volver a tener una conexión "emo-mental" con alguien como la tuve con Escorpio. Seguía dándole atención a eso que había sentido y buscaba referencias, comparaba mis relaciones de amistad, etcétera, con tal de poder decirme: "sí, Mia, tienes razón, no hay nada igual y por eso es que deben volver a encontrarse".

Después, con todas las lecciones que aprendí y con el trabajo interno que hice, dejé de buscar esas referencias en mi vida. Y quizá no tuve esa emo-conexión con ninguno de los chicos del "medio tiempo", porque en realidad inicié y di pie a esas conexiones sin haber superado a Escorpio. Pero ya cuando desperté y empecé a meditar todas las mañanas de nuevo, volví a conectar eso que llamo *fideicomiso emocional*: "ya lo viví, existe. Ya lo viví, está para mí".

Y así pasó. Eso fue de hecho lo que nos enganchó a mí y a Ben. Me di cuenta de que no tenía que ser Escorpio, de que si yo era auténtica conmigo misma iba a poder identificar eso que me gustaba de él en otras personas, y que podía recrear la misma sensación que tuve con Escorpio. Después de todo yo fui parte de esa chispa que no se limita a lo amoroso, sino que puede extenderse a varias conexiones con distintas personas, incluida, claro está, la conexión con quien te gusta y te encanta.

Pero lo más bonito de esto es entender que no hay recursos limitados, que somos nosotros mismos quienes ponemos freno a nuestras habilidades para trabajar y compartir con otros, cuando insistimos en que las cosas se den sólo de cierta manera o sólo con cierta persona.

Voy a dar otro ejemplo…

Una tía recibió un diagnóstico. Tenía cáncer. Le buscamos varios especialistas buenos en su ciudad, en otras ciudades. Ella sólo quería ser atendida por un médico en específico, sin saber que ese "requerimiento" era una manera de negar lo que le estaba pasando. A pesar de las súplicas y conversaciones medio manipuladas para convencerla de que se viera con otro de los médicos que sí estaba disponible, ella seguía en limitación y negación. Menos mal que antes de que fuera muy tarde se rindió (y rendirse no es tirar la toalla, sino entender que el método que uno tiene para hacer las cosas no es el único y que nuestros mecanismos de defensa limitan todo lo bueno y positivo que un proceso puede ser en más niveles que los visibles) y consiguió curarse.

Y ahora un chiste…

Una vez mi profesor de Kabbalah me contó una historia de un señor que vivía en una ciudad que se empezó a inundar. El agua subía y el señor rogaba al Creador que lo salvara, mientras subía de pisos. Cuando llegó al techo en medio de sus súplicas, apareció una lancha con unos chicos que lo invitaron a subir, pues la ciudad se iba a inundar por completo. Pero el señor les dijo que no, que el Creador lo iba a salvar. Luego pasó un helicóptero del cual le lanzaron una escalera, pero el señor dijo que no, que el Creador lo iba a salvar. Al final, el señor murió ahogado, se presentó frente al Creador y le dijo: "yo creí en ti, te recé a ti, ¿por qué no me salvaste?". El Creador le contestó: "yo te envié la lancha, te envié el helicóptero… claro que te escuché".

Moraleja: lo que deseas y hasta lo que necesitas está dado para ti. No te limites… así todo parezca trabajo duro, más trabajo interno, quizá lo que buscas está con una persona diferente a la que tú esperabas.

Recuerdo que hace años di una clase de consciencia sobre este tema: hay personas que dicen que están solas y sienten que no hay amor en sus vidas porque asocian el amor con una pareja. En realidad, no se dan cuenta de que el amor abunda en su vidas: familia, amigos, invitaciones, momentos para compartir… Siguen pensando que no es suficiente porque no está la atención de esa persona, ESA persona, cuando en verdad, si se está interesado en manifestar una buena relación, se debe vibrar amor en cada conexión, así no sea amorosa. Cada relación es una oportunidad para hacerlo.

¿Se entiende? Sé que sí, y esta es una de las lecciones que nos lleva al punto de giro, porque cambia la manera en la que "buscamos" el amor, entendemos que el amor no se "busca", sino que hay que vibrar, conectar, compartir y PERMITIR que este se alinee contigo.

Postdata: para que sepas, mi amiga Lisu fue invitada una vez más a trabajar en televisión, y allí ganó un concurso para diseñar toda la línea de ropa de una tienda importante. Su certeza e intuición estaban *spot on!*

Para afianzarte en la certeza de que lo que has pedido ya está en camino, visita **www.miastral.com** y descarga gratuitamente los ejercicios correspondientes a este capítulo (ver instrucciones en la página 16).

Nada atrae más que la certeza de merecimiento.

20

-CAPÍTULO 20-

THIS IS IT

¿Estaremos solter@s para siempre?

Playlist sugerido:
A corazón abierto
página: 243

Hay un capítulo de *Sex and the City* en el que Charlotte, la más romántica y soñadora, muy frustrada después de una mala cita se pregunta dónde estará su príncipe azul, pues lleva saliendo con chicos desde los 15 años y nada que lo encuentra.

También hay una película que fue muy famosa en los noventa llamada *Singles* (solteros), en la que se presentaban en bloques diferentes tipos de relaciones y de personalidad. Su último bloque se llamaba *"Have fun, stay single"* (diviértete, quédate soltero), refiriéndose a que las relaciones son trabajo duro y que es más sencillo salir, conocer gente y pasarla bien.

Recuerdo cuando estaba recién terminada con Escorpio y Carito me dijo: "ahora empieza lo divertido. Te lo mereces. Disfruta". Tan Carito ese consejo…, y por un ratito la idea me animó. Sin embargo, me acordé de uno de los recuerdos más lindos que tengo con Escorpio y que atesoro porque me hizo caer en cuenta de muchas cosas. Va así:

Habíamos decidido ir a Nueva York a ver un concierto, y el día que llegamos yo estaba un poco en modo ataque de pánico porque íbamos a pasar varios días solos él y yo, y ya yo sentía que este chico iba en serio. Luego de cenar fuimos a un club de jazz –si algo romántico teníamos, era que compartíamos ese tipo de planes juntos, se sentía como una historia que no me estaba pasando a mí, no porque no creyera que no lo mereciera, sino porque aunque ese tipo de cosas me habían sucedido antes, no las había vivido con alguien con quien me sintiera así–. Luego fuimos a un bar a pasarla bien y a bailar. Después a caminar. No dejábamos de reírnos, en serio parecíamos una fiesta andante de dos personas. En un momento, me paró y me dijo: "¿por qué no crees en esto?, ¿por qué tanto miedo?". Yo sabía por qué, sabía todo y lo podía decir, pero no dije nada. Él me insistió: "¿en verdad quieres estar *dating* (saliendo) para siempre?, ¿no te das cuenta de que *esto es* (en sus palabras… *this is it*)?".

Esto me quedó retumbando en la cabeza. ¿De verdad voy a seguir con miedo al compromiso cuando en otras áreas de mi vida puedo ser tan comprometida? ¿De verdad creo que este juego puede continuar para siempre? Por muy excitantes que sean las primeras citas, ¿de verdad quiero seguir con esto de empezar de nuevo una y otra vez?

No, no es divertido.

No, no es lo que quiero continuar.

Y no. No es mi identidad.

Mientras termino este libro hay una relación que a mí me está moviendo muchos bloques, pero me encuentro lo suficientemente despierta como para cacharme cuando estoy cayendo en patrones. Me llamo mi propia atención y decido hacerlo diferente, y no diferente a mí, sino en sintonía con lo que quiero, con lo que estoy eligiendo de manera consciente, y eso sí dista un poco de quien creí ser.

También, al momento de estar terminando esta serie de lecciones, noto cómo cuando abres tu mente y tu corazón hay muestras constantes de que el amor con otro existe y es espectacular, pero no puede ser egoísta, no puede estar basado en tu agenda o manteniendo un muro de contención.

El libro ha sido un proceso espectacular para mí y para los personajes que acá nombro y con quienes comparto a diario. Cada una de estas personas está enterada de lo que aquí he escrito y en sus propios cuestionamientos sobre el tema (amor y relaciones) se han vuelto más conscientes de lo que quieren y cómo trabajar por ello.

Chloe y su esposo han cambiado su dinámica. Ella está vibrando más energía femenina, él tomando más acción para que sus planes avancen. Son buen ejemplo de amigos que se convierten en novios, trabajan día a día en su relación y no la dan por sentada.

Aniella está abierta a conocerse mientras está conociendo a alguien. Ya no tiene ataques de ansiedad. Ya sabe que no está "plantada". Entiende que "estabilidad" y "hogar" son cosas que lleva dentro, que nadie se las puede dar y que algo "familiar" no necesariamente tiene que ser la opción para siempre si ya hace daño.

A Cata la apostamos casada pronto, o a lo mejor ya está en esos planes con su gordito y no nos lo ha dicho, porque bien reservada es.

Claudine está aceptando que debe ser más suave con ella misma, relajar sus estructuras, alinearse con personas que no la van a juzgar como ella lo hacía internamente. Aprender el poder de darse el permiso de volver a empezar.

Estrellita es... Estrellita, y seguirá ayudándonos a conectar los puntos internos con las señales externas para continuar creciendo y evolucionando.

Fran, que de verdad es Fran y que no mencioné en este libro porque es un poco más reservada, está empezando una aventura muy especial: ser mamá. Y ahora voy a ser una madrina astral. Con esta noticia se inspiraron otras, porque ver AMOR en acción, avance, y cómo se abre la vida, más que inspiración, es una medicina.

Entonces no. No creo que haya que estar solter@s para siempre. Creo que hay mucho que podemos lograr a solas, que estar solter@s es un momento especial para conocernos mejor, conocer nuestras motivaciones, aprovechar para hacer cosas que cuando estamos en pareja usualmente no hacemos, pero hay un crecimiento especial que realizamos de la mano del otro. Si entendemos que trabajamos adentro para impulsarnos a compartir, que esa es la meta última (y no me refiero sólo a relaciones románticas), el trabajo y el camino se llevarán de manera distinta. Por algo el año judío (*Rosh Hashanah*) empieza en el mes Libra (relaciones) y la primera luna llena de ese año es en Aries, para que se iluminen los patrones egoístas que nos impiden conectar realmente con alguien.

Date cuenta de que cada vez que pasa algo importante en tu vida quieres compartirlo con alguien, que de nada vale tener el yate más grande del mundo o cualquier lujo si nadie más lo puede disfrutar. Entonces... ¿por qué dejar para después el trabajo emocional que puede ayudarte a superar estas trampas del ego para poder compartir de verdad?

No esperes más.

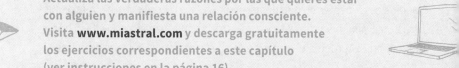

Actualiza las verdaderas razones por las que quieres estar con alguien y manifiesta una relación consciente. Visita **www.miastral.com** y descarga gratuitamente los ejercicios correspondientes a este capítulo (ver instrucciones en la página 16).

Utiliza este espacio para crear tu propio mantra

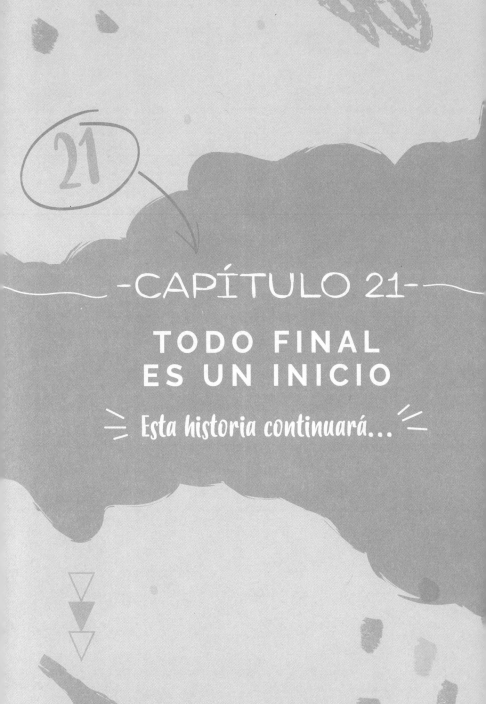

-CAPÍTULO 21-

TODO FINAL ES UN INICIO

Esta historia continuará...

"…y de repente me sentía recorriendo el mismo camino aunque el paisaje fuera diferente. Era como reconocer un perfume que tenía mucho tiempo sin oler y, claro, me dio miedo. Pero de una vez me recordé a mí misma todo lo que pasó para estar en este lugar. Puede que las emociones me sean conocidas, pero era justo lo que quería, volver a sentir lo que había sentido y más. De hecho, está bien tener algo familiar en un emprendimiento nuevo, o tenerme a mí misma en una nueva relación en la que las sensaciones y emociones me son conocidas… porque sigo siendo yo, pero con consciencia de mis pasos. No les temo a las expectativas, todos las tenemos. Yo las tengo y él las tiene. Ahora sé que no son estas sino el manejo de mis emociones mientras mis expectativas se cumplen (o no), mientras yo me abro a mi ritmo y él al suyo, lo que hará la diferencia.

Insisto, no tenía que olvidar el olor de las rosas, pero sí aprender a tomarlas por la parte del tallo que no tenga espinas. Conozco mejor las mías, sé dónde están, cómo tratarlas y cómo, en el acercamiento a otro, por mi deseo, me libero de ellas poco a poco. No me preocupo. La historia no se va a repetir. Ahora sé cómo recorrer el camino".

Extracto de mi diario en referencia a mi relación actual.
Escrito al tiempo que iba terminando este libro.

La mejor terapia que tuve para superar mi última relación y abrirme a empezar una nueva fue escribir este libro. Al inicio te conté con el corazón abierto lo que sentí cuando supe que era hora de empezar. Sabes también que tenía una estructura muy diferente para este plan, pero la vida me enseñó una vez más que las estructuras son ficciones que funcionan para ciertas cosas, y que si hablamos desde lo personal, desde lo humano, todos estamos aquí para hacer lo mismo: sanar.

Sabes que no soy de compartir mi vida privada, pero creo que acá expuse un montón. Sin embargo, lo hice cuidando lo que queda de mi privacidad y la de las personas involucradas, e igual se siente bonito y respetuoso. Todas las experiencias son verdaderas, las historias son ciertas, y, desde esa verdad, espero que este libro te haya ayudado a recorrer tu propio camino, a sanar en el proceso, a crear una nueva vía y a mejorar la dinámica en todas tus relaciones.

Antes de irme, quiero que respondas estas preguntas para que veas con claridad cuánto creciste con la lectura de estas páginas.

1. ¿Cómo ha mejorado tu relación contigo desde que iniciaste este libro?

2. ¿Y tus relaciones con otros (familia, amigos, pareja, compañeros, etcétera)?

3. ¿Has identificado ya tus necesidades principales? Si la respuesta es afirmativa, ¿qué haces para satisfacerlas?

4. ¿Has podido reconocer patrones de saboteo en tus relaciones?

5. ¿Tienes claro cómo te has dejado influenciar culturalmente en cuanto al tipo de relación que debes tener o a lo que "deberías" hacer según tu edad?

6. ¿Ya actualizaste tu estructura? ¿Ya la estás poniendo en práctica?

7. ¿Sabes cuál es el tipo de conexión que quieres experimentar ahora que te conoces un poco mejor?

8. Neale Donald Walsch dice que "cuando las relaciones humanas fracasan, es porque entramos en ellas por las razones incorrectas". ¿Puedes identificar tus motivaciones actuales para empezar una relación?, ¿son diferentes a cuando empezaste el libro? Observa cómo se iniciaron tus relaciones pasadas y cómo las motivaciones (conscientes o no) dicen mucho de la manera en que se desarrollaron.

9. ¿Mantienes actualmente una conexión o relación donde no te sientes valorad@ y reconoces que afecta el posible encuentro con alguien que valga la pena? En caso de ser afirmativa tu respuesta, ¿ya sabes qué hacer?

10. ¿Reconoces ahora que cada oportunidad de compartir es la oportunidad de expandir tu capacidad de amar?

11. ¿Puedes ahora reconocer la diferencia entre sentirte atraíd@ por alguien que le hace bien a tu ego y sentirte atraíd@ por alguien que le hace bien a tu alma? Explica tu respuesta.

12. ¿Qué tan conectad@ o desconectad@ te sientes de tu intuición?

13. ¿Ya empezaste un registro (diario) que te ayude a afinar tu intuición y a distinguir la voz del ego de la del alma?

14. ¿Estás utilizando tu agenda o alguna otra herramienta para checar cómo vas con tu estructura y patrones?

15. Del 1 al 5, ¿cuánto sientes que creciste durante la lectura de este libro?

Espero que este libro te haya ayudado a recorrer tu propio camino, a sanar en el proceso, a crear una nueva vía y a mejorar la dinámica en todas tus relaciones.

¿Entiendes este poema?

"Hay emociones que aún no has sentido.
Dales tiempo, ya casi están aquí".

Nayyirah Waheed

El secreto está en entender que, con el tiempo, tú te estás abriendo a sentir. Descubrirás que estás preparado para hacer expansión de tu capacidad de amar y ser amado, y que el amor siempre está presente en tu vida con diferentes caras, diferentes tipos de conexión y múltiples oportunidades para compartir.

Y, bueno, esta historia continuará…

Tú me conoces. Estoy en todos lados para ti día a día, y seguro has visto pedacitos de estas historias en *social media*. Sé que ahora estarás mucho más pendiente de esos pequeños *snaps* acá y allá, señales o algo que recuerdes o que relaciones con un personaje o capítulo.

No me queda más que darte las gracias por leer, escuchar, atender y llevarme de la mano en mi proceso. Ha sido un largo camino, pero estoy segura de que has disfrutado cada paso (sí, incluso los incómodos) tanto como yo. Espero que las lecciones de este libro te sigan guiando, te acompañen y te ayuden a despertar para que puedas ver todo lo que está disponible para ti.

Hay una versión de nosotros que fue la que empezó este libro –en mi caso para escribirlo, en el tuyo para leerlo y trabajarlo junto a mí–, y hay otra versión muy distinta que es la que lo cierra (y que tiene ese brillo que no podemos describir). Ambas versiones merecen ser valoradas y reconocidas porque nos han traído a este punto donde tenemos terreno fértil para crecer y manifestar nuestros deseos.

Gracias por ser coautor o coautora de este libro, que con certeza se siente como el más grande de los nuevos comienzos. Gracias por celebrar conmigo la capacidad que tenemos de transformarnos... por vivir junto a mí esta experiencia infinita de conocernos y descubrirnos.

Repasa todo lo aprendido en este libro, celebra cada experiencia que te trajo hasta acá y continúa entrenando. Visita **www.miastral.com** y descarga gratuitamente los ejercicios correspondientes a este capítulo (ver instrucciones en la página 16).

Sólo AL conocerme -ENTIENDO- mis LÍMITES, y me permito CONTINUAR.

Playlist sugerido:
Sunset Drinking Pink Rabbits
(Bebiendo conejos rosados al atardecer),
página: 244

Bonus track A

GUÍA PARA
*BREAKUPS**

≥ Cuando las cosas terminan ≤

* Rupturas.

"Amor propio...

Amor propio son límites. Amor propio es saber decir que no.

Es saber que tienes el poder de parar lo que te hace mal.

Es quedarte con algo o más de lo que entregas porque necesitas recargarte.

SON LÍMITES

LÍMITES

y también un adiós.

Es dar valor a lo que ayuda en tu proceso. Es amar a quienes te acompañan en el mismo.

Es dejar de dar atención a quien te la ha quitado.

Es no perder el sueño por el que se ha dormido.

Es no dar energía, luz o palabras a quien se rindió y no honró tu presencia.

Es adiós.

Es dignidad

al

decir

ADIÓS.

Y te digo adiós mil veces. Te digo adiós en cada momento del día, aunque a veces en mi mente te encuentre.

Es decir adiós y que con cada suspiro al soltarte se vaya una parte de mí.

Es no continuar el rechazo a lo que siento. Es fluir porque de esa manera te puedo dejar ir.

Es tiempo para mí. Es no buscar lo que no existe en ti.

Es ver la verdad y la mentira.

Es aceptar el cansancio y empezar a descansar.

Es, sin duda, darme permiso de libertad.

Porque en este proceso, que no estoy negando, estoy cambiando absolutamente y tú estás en el mismo lugar.

Es porque quiero respirar.

Es porque anhelo el día en que tu nombre no se pronuncie más.

Es porque necesito espacio para que llegue algo nuevo.

Y es la conclusión que no se dio. Libre asociación.

Es tu muerte la que celebro hoy".

Yo, Venus retro en Aries, 2009, al terminar con Leo ascendente Piscis

Guía solar

POR QUÉ TERMINA CADA SIGNO, CÓMO LO HACE Y POR QUÉ LO EXTRAÑARÁS O NO

Todos hemos pasado por el dolor de una ruptura, pero no todos lo demostramos. Algunos lo expresan sin saberlo, otros tienen una manera determinante de no dejarse llevar por el dolor. Y sí, aunque la forma como manejamos una ruptura tiene que ver en gran parte con nuestros patrones, cuando no hemos trabajado a profundidad nuestro nivel de consciencia, el ego puede influir bastante en ese proceso, y una guía solar nos puede ayudar mucho para entender lo que está pasando. Te cuento cómo son las personas de cada signo cuando están pasando por una ruptura.

✳ ARIES

Tiende a dejar una relación si siente que l@ limita en cosas que quiere hacer. También le sucede que pierde la emoción muy rápido, sobre todo si es joven. Este signo ama los inicios, así que la rutina y lo tedioso baja sus revoluciones, lo que le hace sentir que está perdiéndose del mundo. Otra razón para terminar es que no se esté haciendo lo que él o ella quiere, sobre todo si es un Aries que no ha trabajado consciencia ni cultivado paciencia.

Cuando Aries termina...

Los finales con Aries pueden ser batallas campales, pero cuando se va, se va. Usualmente terminas extrañando el fuego que tiene y l@ buscarás de nuevo. Te lo hará difícil por un momento y luego se abrirá otra vez. Esta persona se presta para relaciones de ciclos y partes —"Parte 1: el inicio", "Parte 2: la secuela"—, pero no pasa mucho en el tira y encoge hasta que decide iniciar una nueva vida y abrirse a conocer gente diferente.

L@ extrañarás porque:

> Es súper *hot*.
> Es energía pura.
> Sus planes son excitantes.

No l@ extrañarás porque:

> Su compañía te deja extenuad@ y necesitas días de descanso.
> Sufre de falta de madurez.
> Quieres alguien con quien compartir, no que te mande.

✳ TAURO

Si eres una persona que discute mucho, que interrumpe los momentos de paz, que es muy inquieta, que no escucha sus consejos, que quiere cambiarl@ o que no respeta su familia o lo que es indispensable para él o ella, esto no tiene mucho potencial. Tarde o temprano Tauro buscará algo más seguro, y con esto no digo que no tome riesgos, pero sí necesita alguien en quien confiar y proyectarse a largo plazo.

Cuando Tauro termina...

Tauro es una persona metódica, y si va a terminar es por razones ya muy bien pensadas. Debe haber un buen motivo, sobre todo si está a punto de dejar un lugar cómodo y estable. El final puede ser lento, hasta en partes, pero pasada la incomodidad, lo hará muy bien. En él o ella podrás conseguir un amigo o amiga más adelante, pero no esperes contarle de tu nueva pareja o que te quiera ver con alguien de su círculo, de hecho, ninguno de sus amig@s te podrá tocar.

L@ extrañarás porque:

> Cuando está enamorad@ te da su todo y cumple lo que promete.
> Cocina delicioso.
> Te trataba como una princesa o un príncipe.

- No hay persona más terca en este mundo.
- No le gustan los cambios impuestos o planes espontáneos.
- Tiene que comer y dormir. Sé que esto es normal, pero para alguien Sagitario o Géminis tener que parar el mundo porque el bebé necesita una siesta es un *deal breaker*.

✳ GÉMINIS

¿Por qué una persona Géminis termina una relación? Buena pregunta. Ve tú a saber. No habrá astrólogo ni persona civil cuerda que te dé una razón, puede ser cualquiera que se invente al momento. Lo que sí te digo es que es posible que lo haga de un momento a otro y que en menos de dos meses ya haya un nuevo protagonista de su novela. Sí ya estaban casi en el altar. Sí, su conexión era única , como la que los Géminis crean con todo el mundo. Este es el signo de la mente, y las personas de este signo establecen vínculos con gente afín, cuya conexión mental es lo más. Pero su mente nunca se queda quieta. Para mantener a una persona Géminis feliz tienes que ser la mujer o el hombre orquesta, y nadie tiene tiempo para eso. Otra cosa que te digo es que para que aprecien lo que tienen, les toca perderlo. ¿Y quién quiere jugar toda la vida?

Cuando Géminis termina...

Géminis cambia muy rápido de opinión y tiende a ser una persona impulsiva. Por eso, puede que termine, pero que cambie de parecer y regrese rápido. Lo que pasa es que no siempre se relaciona con otro Géminis, y alguien puede decirle que no hay vuelta atrás y ahí es cuando empieza a aprender. Pero tiende a caer en el patrón de terminar una relación y continuar en otra muy similar, hasta que se dé cuenta de que hay trabajo interno pendiente, y la cosa es que tenga la voluntad de hacerlo. De llamarlo, puedes llamarlo, te va a contestar, pero ¿para qué volver a lo mismo si tú has cambiado y quizá él o ella no?

L@ extrañarás porque:

➤ Podían hablar de lo que fuera hasta la madrugada.

➤ Con nadie te reíste tanto.

➤ Por andar con él o ella, estabas enterad@ de todo lo que pasaba en el mundo.

➤ Sus manos… esas manos milagrosas.

No l@ extrañarás porque:

➤ Ya te cansaste de revisar toda red social a ver si cachas algo raro.

➤ Es indeciso para todo.

➤ Da un paso adelante con el compromiso y después da cinco atrás.

✳ CÁNCER

Para que Cáncer termine debe estar muy al borde. Es buen@ llevando la situación al punto de lograr que el otro termine, mientras él o ella aprovecha y aprecia los momentos que les quedan juntos. La otra cosa es que si ha hecho algo malo tiende a sentirse culpable e inicia episodios al estilo "sabes que te amo, ¿cierto?", cuando no suele tenerlos, y eso te desconcierta. Toma la pista.

Cuando Cáncer termina…

No creo que muchos lo sepan, pero Cáncer puede terminar una relación con mucho rencor y no querer saber de la situación por bastante tiempo. Ni una llamada, ni una palabra, sobre todo si le hiciste daño. Cáncer necesita tiempo a solas y aparte para recuperarse. Al terminar, sus rutinas suelen cambiar mucho y su salud se ve afectada. Si no vas a ofrecerle algo real, no l@ busques para volver. Si él o ella fue quien terminó y lo hizo de manera seria, es porque sabe que no eres la persona para su estabilidad emocional, y eso hay que respetarlo.

L@ extrañarás porque:

➢ Cuidaba de ti como nadie.

➢ Es lo más en situaciones familiares.

➢ Sabe escuchar.

No l@ extrañarás porque:

➢ Es extra sensible. Toca andar con guantes de seda para todo.

➢ Puede ser "muy ahorrativ@", por no decir otra cosa.

➢ ¡Ahora vas a poder salir y divertirte! Tener planes espontáneos y no tener que devolverte a las 12 a.m. para sacar el perrito.

✳ LEO

Salir con una persona Leo es lo máximo. Tienes un Sol personal brillando sólo para ti, pero quiere lo mismo. Cuando termina la relación, casi siempre tiene que ver con problemas de atención o peleas constantes que no soporta. Sí es cierto que le gusta una dosis de drama, pero si estás constantemente con peleas por celos, de mal humor o baja vibración, no lo soporta.

Cuando Leo termina...

Espera que le pidan que no se acabe, que no se vaya. Logra hacer de los finales una situación dramática y pasional que muchas veces lleva a la reconciliación. Pero si se termina y sospecha que ya no hay amor, le va a doler mucho, aunque no lo demuestre, y se esforzará por rehacer su vida de una manera aparentemente espléndida (a menos de que sea ascendente Piscis o Escorpio, pues manejaría todo en privado), y pronto buscará en qué poner su atención y pasión, sea un nuevo proyecto o un nuevo amor. Si estás en una relación de muchos años que termina y vuelve con un Leo, déjame decirte que pueden estar así toda la vida y que pueden hacerse más daño que bien. Es importante parar, analizar la situación y proponerse hacer las cosas lo mejor posible.

L@ extrañarás porque:

> Nadie brilla como él o ella. Una vez que se va, sientes que tu vida se ha apagado, y te comento que cuesta acostumbrarse a la vida así, a menos de que salgas con otro Leo.

> Es la persona más deslumbrante que hay.

> No hay nadie más encantador al cortejar, todo se siente como un evento especial.

No l@ extrañarás porque:

> Toda la luz debe de estar sobre él o ella.

> Le encanta llamar la atención y a lo mejor tú eres una persona privada.

> Es muy terc@.

> No da vuelta atrás.

VIRGO

Esta persona deja cuando se da cuenta de que no la necesitas. Ama sentirse útil y necesitada. También puede que te deje porque está enfocad@ en un proyecto o porque fuiste groser@ repetidas veces, y al fin juntó fuerza de voluntad para moverse hacia adelante por amor propio. Jamás viste venir eso ni todo lo que hacía por ti.

Cuando Virgo termina...

Virgo es un signo femenino, y como maña muy femenina deja pasar. Si ve que una relación va mal, espera a que se consuma y le terminen, o no dice nada para que las cosas no se pongan peores. Pero en su falta de acción también crea una reacción en el otro, que usualmente se convierte en molestia o ira. Cuando termines una relación con Virgo te va a dar espacio, pero al mes o dos aparecerá para saber cómo estás y si te hace falta algo. Si le terminas de una manera muy dura se rodeará de personas que le ayuden a reconstruir su vida, y después de muchos meses podrá hablar y aclarar la situación para quedar como conocidos.

L@ extrañarás porque:

> Te acomodaba todo, se encargaba de todo.

> Te gustaba cómo se esforzaba para que tuvieran lo que necesitaban.

> Creía en ti, te motivaba a ser lo mejor que puedes ser.

No l@ extrañarás porque:

> Cada pequeño detalle debía ser revisado.

> Quieres una pareja no una mamá o un papá que cuide de tu camisa planchada.

> Le falta iniciativa y fuego, o al menos eso crees. Al final te das cuenta de dónde estaba realmente siendo invertida esa llama.

✳ LIBRA

Libra se deja influenciar (una vez un Libra terminó conmigo porque su mamá le dijo que yo era temperamental. Éramos muy jóvenes, pero igual…). Quiere además que todo sea ideal, y cuando eres humano, cuando se ven las costuras, ya no se emociona tanto. Claro, si ha madurado es una pareja excepcional, pero estás leyendo esto porque no funcionó, y quiero que sepas que seguro, detrás de cualquier discusión, hay un poco de malcriadez, porque todo el mundo l@ ha tratado como rey o reina.

Cuando Libra termina…

Libra es un signo que empieza sus relaciones como amistad, o al menos crea una buena base de entendimiento y afinidad con el otro. Es una persona que estará en una relación trabajando por ella cuanto se pueda, pero pondrá un límite cuando sienta drenado su amor propio. Puede que al terminar continúe siendo tu contacto en redes sociales, y que te salude en encuentros o eventos, pero si ya siente que dio su 100% no volverá. Eso sí, seguirá siendo buen amigo o amiga de personas cercanas a ti y de tu familia, y de alguna manera se enterará de todo lo que estás haciendo.

L@ extrañarás porque:

> Iban a los mejores lugares, comían delicioso. Sabe lo que es placer.
> Te hacía sentir extra especial.
> Estaba allí para ti 100%.

No l@ extrañarás porque:

> Se deja influenciar y cambia de opinión con rapidez.
> Le cuesta ser independiente económicamente.
> Para haber sido una persona que no podía vivir sin ti, al final parece que se las arregló muy bien para empezar otro trabajo, relación, intereses, etcétera. ¿Cuándo pasó todo eso?

✳ ESCORPIO

Terminar con Escorpio puede ser una batalla. Se siente absoluto: te dio todo y ahora no quiere dar nada. ¿La razón? Se proyectó a futuro contigo y cree que no valió la pena la inversión. Sus razones son muy privadas. Además, te tiene un poco de reservas porque sabes cosas de él o ella que nadie sabe, l@ viste vulnerable y quisiera que murieras callad@.

Cuando Escorpio termina…

Cuando Escorpio termina sí que no hay vuelta atrás. Puede que haya discusiones y separaciones de momento, pero cuando rompe no hay manera de volver. Tiene la tendencia a guardar rencor por un buen tiempo, pero ya cuando el rencor se pasa, sólo deja ir. Esto puedes comprobarlo incluso si estás "terminando" con un amigo o amiga Escorpio. Esta persona sabe que perdiste al ser más comprometido y leal (a su manera) de tu vida, que te darás cuenta y que la extrañarás.

L@ extrañarás porque:

> Es el mejor amante. Punto.
> Su intensidad te arrebataba. Es intenso con su trabajo, en el periodo de cortejo, en la manera de declarar su amor… constantemente.

> Estar con él o ella te daba la sensación de ser poderos@. Poco a poco habías aprendido a conectar con tu poder personal y te sentías inmortal.

No l@ extrañarás porque:

> Demanda lealtad que no siempre da.
> Se cierra y no sabías lo que le estaba pasando por dentro.
> En cada pelea quedabas por fuera y se volvía de piedra. La pelea se resolvía cuando él o ella así lo decidía.

✳ SAGITARIO

Termina por falta de libertad, por miedo al compromiso o porque "evolucionó" y no le seguiste el ritmo. Te voy a decir algo que no debería, pero es que es tan seguro que vale la pena plasmarlo en papel: hay una cosa que Sagitario no soporta y es sentir que hizo algo mal. Si no hizo bien la cama tomará un curso para aprender a hacerla y callarte la boca. Por eso, si al terminar le muestras que hizo algo mal, no querrá soltar. Pero tiene que ser un error verdadero, uno que alguien inteligente y consciente podría prever, pero él o ella no lo hizo ¿cómo es posible? Eso sí, si l@ pones a que te ruegue por mucho tiempo no l@ volverás a ver más nunca en tu vida.

Cuando Sagitario termina...

Si Sagitario termina contigo o deciden juntos acabar la relación, no va a querer hablarte hasta que pase un buen tiempo. O si sale con otras personas y no funciona, y eres tú quien da el paso para saber cómo está, es mejor que sea después de un buen tiempo, pues difícilmente te buscará para volver, ya que es una persona orgullosa.

L@ extrañarás porque:

> Es el más divertido y se inventa un chiste siempre.
> Sus conversaciones hasta la madrugada te daban la sensación de que habías hecho un curso acelerado en la universidad sobre cierto tema.

> Podía ser *light* o bastante profundo, así que podías contar con él o ella para tus momentos felices y los que no eran tanto.

No l@ extrañarás porque:

> ¿Cuántos libros puedes leer en un día? ¿Cuántos *podcasts* puedes escuchar? Se necesitan una batería externa y 20 horas más al día para poder ir a su ritmo.

> Ahora podrás descansar. Sagitario no duerme, su mente no para y además tiene vida social, y cuando sale es "hasta abajo".

> Tenías que comer bien, estar en forma, tener una vida admirable para estar con él o ella. Si no te admira, te termina. Y tú eres human@, ¿no?

✳ CAPRICORNIO

Es confiable y apasionad@. Cuando termina una relación, usualmente es porque ve que quieres algo más serio y no está list@, o porque ha conocido a alguien que es mejor partido. Lo lamento, pero es cierto. Y te dirá que está demasiado ocupad@ en el trabajo.

Cuando Capricornio termina…

Cuando Capricornio termina es muy determinad@. Si hay aspectos tensos a Plutón o planetas más aspectados en Escorpio, puede incluso obstaculizar tu crecimiento personal o profesional de alguna manera. Cuando Capricornio ha madurado un poco te hace saber las razones por las cuales la relación no funciona y, aunque puede sentirse mal, lo va a soltar si sabe que es algo que no le conviene. Lo que sí sucede, es que, a pesar de intentar soltar con todo su corazón, si pasa el tiempo y aún sigue enganchad@ con la otra persona, la buscará de nuevo con un plan que explique por qué ahora sí puede funcionar, y va a dar su 150% para hacer que así sea.

L@ extrañarás porque:

> Es seguro de sí mismo y hace lo que dice. No alardea, te muestra de lo que es capaz.

➢ Nace hermoso y sexy. Tiene un *sex appeal* increíble.

➢ De alguna manera se hacía cargo de ti, te sentías segur@ a su lado.

No l@ extrañarás porque:

➢ Te sentías constantemente evaluad@ por él o ella.

➢ Es *workaholic*.

➢ Tenía días raros en los que quería estar apartad@ del mundo y tú no sabías si era eso o algo más.

✴ ACUARIO

Hay dos tipos de Acuario: l@s que terminan de manera inesperada y l@s que se acomodan y tú les terminas porque ya ni participan en la relación. De todas maneras, terminar con una persona Acuario debe hacerse rápido y sin mirar atrás. Lo que usualmente sucede es que llegaste al llegadero y te vas sin avisar, o lo puedes hacer con una llamada muy rápida. No dirá nada, esperará a que vuelvas o entiendas que sencillamente él o ella es así. Es justo la falta de iniciativa y pasión lo que te empezó a matar el amor, así que piénsalo antes de volver por costumbre.

Cuando Acuario termina...

Los Acuario terminan de manera inesperada, pero no por simple capricho. Ell@s evalúan si tú puedes acompañarl@s en lo que quieren vivir y si no es así, prefieren cortar la relación. Rara vez te piden cambiar, pero si ell@s cambian y su pareja no se pone al corriente, se sentirán desconectad@s.

También sucede que Acuario, al ser signo fijo, tiene claras las características de la persona con la que quiere estar. Tiene una idea en la mente, un "tipo". Puede salir con alguien sabiendo que no es LA persona y cortarla luego, si conoce a alguien que se amolde más a su "tipo", alguien con quien sí se vería en serio. Verás, esto no depende tanto de ti como de lo que está fijo en su mente. Además, parece loco, pero Acuario ama la seguridad y le encanta alguien que le brinde esa sensación de confianza. Por el contrario, alguien muy errático o cambiante, inestable en su humor, l@ ahuyenta.

L@ extrañarás porque:

> Si eres una persona que necesita espacio, estar con un acuariano es lo mejor.
> Tiene las mejores ideas *ever*.
> Era tu mejor amig@.

No l@ extrañarás porque:

> ¿Le gustas todavía?, ¿no le gustas más? Sus señales son muy confusas y estabas enloqueciendo tratando de descifrarlo.
> Sufre de falta de empatía o profundidad emocional.
> Rara vez luchó por la relación.

✳ PISCIS

Te aseguro que hay Piscis con los que no has terminado. Tú crees que sí, pero para los peces las relaciones nunca terminan. Igual si tú terminas (porque él o ella no sabe cómo) llora un rato, pero está convencid@ de que nadarás a sus aguas alguna noche y te recibirá como si nada. Eso sí, debes saber que hay muchos peces en el mar y rara vez han dejado de rondar por aguas profundas.

Cuando Piscis termina...

A pocos les cuesta tanto terminar como a un Piscis, porque si ha creado un vínculo con alguien, sentirá de alguna manera que es para siempre. Aparte, si está molesto hoy, ya está de amores mañana. Vive en un mundo de fantasía donde la aventura romántica siempre puede reiniciarse, y no es la persona más diestra en poner límites, así que no se toma el final muy en serio porque en cualquier momento la cosa puede fluir hacia la continuidad y la eternidad. Si a Piscis le terminan y lo dejan, puede alimentar fantasías con su ex durante mucho tiempo después. Necesita un despertar para darse cuenta de que debe hacer su vida de nuevo, y mientras tanto cuidarse de no caer en apegos, adicciones o conductas nocivas.

L@ extrañarás porque:

> Pasaron fines de semana en los que sólo existían ustedes dos y vivían en una burbuja.
> Te sentías aceptad@. No hay nada que pudieras decirle que lo hiciera juzgarte o hacerte sentir mal.
> Es el mejor amante. Siempre está dispuesto a ir a la cama.

No l@ extrañarás porque:

> ¿Hasta cuándo ibas a probar pociones mágicas y hierbas en tu *smoothie*?
> ¿Hasta cuándo tendrías que esperar las señales para reconocer el momento de comprometerse?
> Intuías que tenía conexiones psíquicas con otras personas.

Guía para sobrevivir
A LAS RUPTURAS QUE PARECEN EL FIN DEL MUNDO

1. **Acepta la situación y medita para poder asumirla desde un punto de equilibrio.** Ni mejor ni peor de lo que es. Es una pérdida y nos hace sentir la ruptura no sólo de una relación, sino también de una continuidad y una cotidianidad, de sueños y planes.

2. **Observa si tienes rencor.** Usualmente hay emociones mezcladas, pero el rencor es una señal de que estás muy apegado a tu posición en la situación o a la actitud del ego de "¿por qué a mí?", lo que hace muy difícil la aceptación. Muchas veces la rabia es la única manera de no enfrentar que algo en realidad se acabó, porque "aún quedan cuentas pendientes", pero mira, no. Explico: si en tu mente aún quedan asuntos sin resolver porque él o ella te debe algo –real o emocionalmente hablando–, estás creando un vínculo

y un "está por verse", que te deja a ti sol@ en la situación. Eso que está pendiente se convierte en una cadena que te une de manera emocional al otro, y es sólo un mecanismo de defensa contra el dolor de enfrentar la realidad.

3. **Convérsalo con un especialista o una persona objetiva.** Debes ventilar lo que tienes adentro. Y no, tu grupo de amig@s es lo máximo, pero es como un ciego ayudando a otro ciego a cruzar la calle. Te van a decir lo que quieres escuchar, y tú más bien tienes que ¡abrir los ojos!

4. **Date un masaje.** El cuerpo acumula las emociones. Si fue una ruptura de pareja, estabas acostumbrad@ al roce, a sentir a la otra persona. No te digo que vayas a enamorarte de la o el masajista, pero necesitas esa estimulación y muchos abrazos de tu familia y seres queridos.

5. **Ponte nuevas metas.** Es natural que cuando terminamos una relación queramos hacer mejoras en nuestra vida. La mayoría de las personas se compromete a obtener una promoción en el trabajo o a mejorar su cuerpo físico. De hecho, es algo que algunos libros te recomendarían, pero creo que estamos más despiertos que eso. Ponerte metas es genial, pero si se encuentran asociadas al ego están destinadas a demostrarle algo a alguien (él o ella), lo que crea un vínculo con la persona que ya no está. Te la pasarás pendiente de que vea tu nuevo carro, tu nuevo cuerpo, tu nuevo color de cabello, sin hacer esto realmente por ti.

Claro que me parece motivador ir por la promoción o por el cuerpo que quieres, pero empieza sin pretensión o satisfacción al ego. Comienza por metas que alimenten tu alma. Inicia el proyecto personal que tanto querías o métete a clases de yoga o meditación. Poco a poco empezarás a darte cuenta de que con cada clase estás más en calma y más cerca de lograr una postura en la que antes te sentías incómod@ porque quizá estabas sensible y vulnerable.

6. **Haz *playlists*.** La música es muy poderosa y nos ayuda a poner en palabras lo que no sabemos sacar de adentro. Haz uno para soltar lo que sientes. No te quedes enganchado al *playlist* del despecho. Date el chance, cántalo, pero suéltalo. Haz otro para motivarte en las mañanas, otro para motivarte a trabajar, y que no falte uno de mantras y cuencos tibetanos (en el siguiente recuadro, una anécdota al respecto).

Para que te rías y entiendas más allá de "te prometo que funciona": estaba hablando con mis amigas del caso de Fabiola. Ella terminó una relación larga y acto seguido se fue un mes a India. Veíamos las fotos e, incrédulas, no entendíamos cómo estaba tan tranquila después de semejante terminada. Luego, yo terminé una relación y empecé a ir a clases de kundalini yoga de dos horas y media con música de mantras. Los repetíamos sin cesar.

Cuando empecé no tenía idea de nada de lo que estaba diciendo, pero me los aprendí y seguí asistiendo, y empecé a darme cuenta de que en esas dos horas al día no había cabida en mi mente para pensar en el ex. No había manera, por más de que tratara, de no centrarme en la vibración y los mantras. Al salir sentía una gran diferencia: que al menos en esas dos horas de las 24 del día podía respirar. Les conté a mis amigas: "yo sí creo en la felicidad de Fabiola". En verdad puede ser o no ser, porque cada quien ve el mundo a través de lo que es, pero yo pensaba que sí era posible porque ella estaba meditando a diario y además en un ambiente completamente nuevo. Si a mí me servía hacerlo sin cambiar de ambiente, imagino que a ella mucho más.

7. **Muévete en nuevos ambientes.** Cada vez que yo pasaba por un momento difícil me encerraba en el baño y me acostaba en el piso por horas. Desde chiquita, cuando por primera vez mi mamá me dijo que no podía viajar a verme, lo hice, y se convirtió en un lugar seguro donde podía llorar y nadie me veía. Incluso grande lo seguía haciendo, aun cuando vivía sola o en pareja y él no estaba en casa. La última vez que pasé por una ruptura, en vez de encerrarme me fui de viaje. No fui para huir, fui para abrirme y moverme en un lugar donde me sentía segura porque estaba lejos de la rutina, de los recuerdos y de él. Me fui a conocer la ciudad sola. La contemplación de la playa era mi nuevo lugar seguro. De este viaje me encantaba que había una diferencia horaria considerable, y que de nada valía preguntarme qué estaría haciendo él. Me sentía en otro mundo. A lo mejor tú no puedes viajar, pero puedes explorar tu ciudad con otros ojos. No hagas lo mismo que siempre haces cuando te sientes mal. Sé valiente por ti.

8. **Cambia la rutina de la mañana.** Busca una meditación guiada, mejor si esta se enfoca en dejar ir. Apenas te despiertes siéntate en la cama y escúchala con los ojos cerrados.

1. **No te conviertas en el o la ex** *stalker.* En esta era digital es típico que te despiertes y revises sus redes a ver si en la mitad de la noche –cuando igual tú no pegaste un ojo– él o ella se sacó la lotería y se casó de manera relámpago con alguien. Revisas todo mil veces hasta caer en cuenta de que no pasó gran cosa. Aunque esto se vuelve un hábito, puedes cambiarlo. Al menos empieza proponiéndote revisar sus redes después de las diez de la mañana. Te lo digo sin problema porque sé que rápidamente, máximo dos semanas después, te vas a dar cuenta de que tu día empieza bien y cuando te pones a revisarlo te sientes mal, y ¿quién quiere sentirse mal mucho tiempo? Me pasó rapidísimo, prefería mantenerme UP que estar poniéndome en situaciones de hueco en el estómago. Recuerda además que las redes son construcciones convenientes de la realidad. Él o ella va a mostrar lo que quiera y cuando quiera. Te enterarás de lo que te tengas que enterar cuando toque. Nada haces rebuscando. Absolutamente nada.

10. **Sácal@ de tus conversaciones.** Dile a tus amig@s que ya estuvo bueno de hablar sobre lo que pasó. En mi caso, mis amigas eran (son) amigas del ex. Un día, una amiga de entrenamiento que tengo –que superó la ruptura más fea que he escuchado en la vida– me dijo: "si quieres superarlo de verdad, dile a tus amigas que no te hablen más de él". Él no ayudaba, llamaba de vez en cuando a mi mejor amiga. Al inicio me gustaba saber qué le decía, pero un día le dije: "Chloe, me hablas de él si le pasó algo realmente malo o si se va a casar mañana, de resto, no quiero saber nada en absoluto". Chloe nunca más me habló de él, hasta que le sucedió algo en verdad malo. Igual, seguía pasando que cuando salíamos las cuatro amigas a comer al estilo *Sex and the City*, cada una hablaba del chico con el que estaba saliendo, y una de las otras hablaba de Él. Y no tardé mucho en decirles, "a lo Miranda": "¿hasta cuándo vamos a gastar una, dos o tres horas hablando de lo que ellos quieren, ellos hacen, etcétera? Por amor a *Yeezus*, hablemos de los proyectos, de los viajes que queremos hacer y más". No me fui de la mesa como Miranda, pero sí empecé a cambiar las conversaciones. Hasta empecé a llevarme revistas como *Entrepreneur Magazine* para mostrarles artículos sobre el tema y que ya no le diéramos tantas vueltas a lo mismo. De más está decir que nos sirvió a todas.

11. **Recuerda que el tiempo cura las heridas.** Jennifer Aniston lo logró: Como sabes, Jennifer fue la esposa de Brad Pitt, y su ruptura fue humillante y muy pública. No tenemos las cremas de Jenny, ni dormimos en Tupperware para no envejecer jamás, pero ríete por favor, y date cuenta de que hasta las relaciones más largas y más fuertes también terminan. Con los días, semanas, meses, incluso se te olvidan las cosas. Hace unos meses me tocó dejarle un archivo a El Extranjero, con quien viví ocho años, y se me olvidó el número de apartamento. Me reí y me di cuenta de que en realidad uno supera hasta lo que cree insuperable.

12. **Recuerda que un clavo no saca otro clavo.** Conseguirte un nuevo Juan o una nueva Elena tan pronto cortas no sólo no funciona, sino que cuando pares en algún momento, incluso meses después, saldrá el luto del ex a la luz para que lo trabajes. Tómate el tiempo que necesites, y aunque la distracción es parte del proceso, enfócate en hacer una limpieza de tu casa, haz voluntariado, viaja, toma clases. No te obligues o te armes ilusiones con el corazón necesitando aún curitas. Vas a saber cuándo estés list@. Vas a volver a reírte. Vas a volver a ver a alguien con unas ganas increíbles. Vas a dedicarle canciones divertidas y a descubrir cosas nuevas mientras se conocen. Vas a volver a amar en grande. Te lo juro (en el siguiente recuadro, una anécdota al respecto).

Diligente como soy, siempre que yo pasaba por una ruptura ya tenía el ojito puesto en alguien más. La última vez estaba trabajando con Estrellita mi afán por salir con alguien de inmediato. No estaba fácil, porque "de la nada" conocí en un programa de televisión a un Tauro *a-mazing*. El hombre trató de acercarse de maneras muy cuchis, y así se la pasó dos meses. Una tarde caí en los viejos patrones y le dije: "ok, vamos , ¿adónde vamos?". Él dijo: "adonde quieras, ¿quieres que te cocine en mi casa?". Ehh, no… Me dije: adentro, casa, sofá, besos. No estoy lista. No estoy lista. No estoy lista. Solté el teléfono y él seguía escribiendo mientras yo entraba en pánico. Total que le dije: "vamos a patinar", ya que el Tauro es bueno en cualquier deporte, ejercicio, ropa de ejercicio, sudor, olor de verdad, un niño hermoso. "¡Ok! Al salir del canal vamos. A las seis de la tarde te voy a buscar". A las cuatro de la tarde apagué el teléfono y dentro de mí rogaba que de la nada mi ex apareciera y me dijera: "no lo hagas ", por el Divino Niño y todos los ángeles, Mia, escúchate. Prendí el celular, y una hora después ya Tauro escribía: "¿estás lista?". Ay, ay, ay. No estoy lista. No estoy lista. No estoy lista. Pero me alisté. Y a las 5:30 de la tarde ya estaba abajo de mi casa. Se bajó, me abrió la puerta del carro, nos fuimos, y de verdad la pasamos increíble. La cita terminó a las 11 de la noche, cuando él aún sugería que nos comiéramos algo por ahí, pero yo ya no podía más y no quería nada más. Algo en mí había cambiado, porque me conozco y antes me habría lanzado a crear una relación nueva. Tauro lo intentó por dos meses más y un día me dijo: "tú sigues enrollada, ¿no? Avísame cuando se te pase".

Sentí un alivio increíble de ya no tener que responder mensajes o quedar en planes que sabía que no iba a cumplir. Lección aprendida.

13. **No uses a Mercurio o Venus retro como una esperanza para que tu ex vuelva.** No uses herramientas de crecimiento personal para mantener la esperanza. Y no lo digo al estilo Saturno pesimista. Tú cuida de ti, haz tu vida. Atiéndete muy bien. Igual, si se encuentran más adelante, tenías que soltarlo antes para poder cambiar de perspectiva. Si no sueltas primero no te impulsarás a cambiar, y vas a estar pendiente de todo lo que el otro hace. Hasta un *like* que él o ella le haga en redes a una persona *random* te lo vas a tomar personal. Entiende que así como tú estás viviendo la ruptura, él o ella también. Todo lo que hacemos después de terminar es la manera como creemos (a veces sin ser conscientes) que vamos a sentirnos bien. A menos de que la relación se termine sin amor, todo lo que tú y el otro hacen es una forma de volver a casa.

14. **Aprende.** Uno aprende más fuera de la relación que en la relación. O, mejor dicho, hay lecciones que sólo se pueden tomar cuando estamos en pareja, pero otras que sólo se aprenden estando solteros y añorando una relación. Ahora, después de la ruptura, es cuando absorberás más información de tus libros, meditaciones y audios, cuando más te preguntarás quién eres y qué quieres. Esto es valiosísimo.

15. **Cuida de ti.** En estos momentos es cuando más debes cuidarte. No pierdas el sueño por alguien que se durmió. Duerme tus horas, come mejor que nunca, llévate a hacer actividades buenas para ti. El mal cuidado sólo hace el proceso más difícil. ¿Por qué te lo harías más complicado? Aprecia este periodo de recuperación y consiéntete alimentando bien tu mente y tu alma. ¡Ámate más!

Consejos

PARA VOLVER AL *DATING** DESPUÉS DE UNA RUPTURA

Hay muchas cosas que decir acerca de esta transición, pero como muchos de los consejos vienen de lecciones y experiencias que también han vivido mis mejores amigas, te dejo la opinión que ellas me dieron al respecto:

♡ "Disfruta ese momento, no salgas con alguien y empieces a hacerte ideas de que es el amor de tu vida, date el chance de conocerl@ y no te adelantes a los hechos. Lo otro es que debes tratar de no comparar a esta nueva persona con la anterior, evita decir: como mi ex me dejó por otr@, est@ quizá es igual". Mariana

♡ "Aprende de tus experiencias, pero no te predispongas. Cada relación es diferente, y aún más si tú has cambiado. Haz el trabajo y ten confianza en quien te has convertido". Maca

♡ "Abre tu mente y tu corazón a nuevas experiencias. No se trata de abrir la mente y el corazón al nuevo chico o chica haciéndoles responsables de tu felicidad, sino de abrirte a nuevas experiencias que te van a mostrar partes de ti que estaban de luto o guardadas y que ahora quieren volver a vivir". Claudia

♡ "Persigue tu felicidad. Hazte consciente de cuáles fueron tus errores en la relación pasada, y cuando te veas cayendo en los mismos patrones, páusate. Al inicio de una nueva relación, busca planes sanos donde se diviertan y saquen el niño interior". Yeraldine

---

* Salidas románticas.

♡ "Entre una relación y otra, date el tiempo de aprender a estar a solas. Luego, al conocer gente nueva, sé tú mism@ en vez de orientar tu energía sólo a agradar. Sal con personas con quienes puedas ser tú".
Chloe

♡ "Toma el tiempo entre relaciones para amarte a nivel de cuerpo, mente, espíritu. Llévate a practicar actividades que siempre quisiste hacer, y allí conocerás gente con tu misma vibración. Conócelos y ábrete a su amistad, y deja que las cosas florezcan a su ritmo. No se apresura la primavera". Valentina

♡ "Ríndete. Ya perdiste una relación y estás viv@, llen@ de vida. Ya no hay más que perder, sólo ganar, así que sé lo más auténtic@ posible. Relaciónate, conoce gente nueva, que se te haga natural llegar a un lugar y conversar de diversos temas. No sobreanalices qué lugar tiene cada una de esas nuevas personas en tu nueva vida. De allí pronto nacerá una relación gracias a tu más alta vibración". Gigi

♡ "No le des muchas vueltas a lo que dice la gente. Pensarán que has esperado mucho, o que has esperado poco y que ya estás saltando a una nueva relación. Sólo tú sabes si estás list@. No tengas ideas preconcebidas sobre cómo se van a dar las cosas. Puede que la primera relación después del *breakup* sea con *el elegido* o *la elegida,* o que sea una muy corta que te aclare mucho más, y está todo bien. Un final es una ventaja que te da la vida para reinventarte y liberarte de miedos, del ego". Marianto

Como ves, casi todos los consejos son el mismo, al fin y al cabo todas somos personas como tú. Nos enamoramos, nos estrellamos, nos hicimos ilusiones de nuevo, le vimos la carta astral y las conexiones de Venus. Nos contamos las historias, nos vamos a buscar después del chaparrón y celebramos cuando pasa algo emocionante. Al final, todos acordamos en este punto: el amor hace girar nuestros mundos y siempre hay una razón para creer otra vez.

Y tú... ¿qué consejo te darías?

Bonus track

▽
▽
▽

THANK YOU FOR THE MUSIC

≥ Playlists* ≤

---

* Gracias por la música (listas de reproducción).

Nada como la buena música para superar un *breakup* o amenizar el principio de un nuevo amor, ¿no? Pensando en eso he creado estos *playlists:* para que te inspires mientras lees, llenas los ejercicios o simplemente estás por ahí, a tu bola. Si no lo he dicho lo digo ahora: en las relaciones, muchas de las cosas que nos cuesta entender las comprendemos mejor con *bits* y *lyrics* prestadas, escuchándolas, cantándolas, llorándolas, ¡bailándolas!

¿Entonces?

... Enjoy!

Nota

Para encontrar la versión ampliada de estos
playlists y más, sígueme en Spotify: @Mía PT o
visita www.miastral.com.

CAPÍTULO 1: EL QUE HACE EL *SHOW*, RECOGE LAS SILLAS
LET IT HAPPEN (DEJA QUE SUCEDA)

Esta lista goza de sonidos innovadores y ucranianos, lo cuales aligeran los pensamientos dominantes que nos hacen repetir patrones. Es una brisa de aire fresco.

- ▶ Let It Happen – Tame Impala
- ▶ Bombay – El Guincho
- ▶ Mr Noah – Panda Bear
- ▶ Palmitos Park – El Guincho
- ▶ Do You Realize?? – The Flaming Lips
- ▶ Electric Feel – MGMT
- ▶ Five Seconds – Twin Shadow
- ▶ Red Eyes – The War on Drugs
- ▶ Brains – Lower Dens
- ▶ All Around and Away We Go – Mr Twin Sister
- ▶ Fireflies – Still Corners
- ▶ Unless You Speak From Your Heart – Porcelain Raft
- ▶ The Night – School of Seven Bells
- ▶ I Belong in Your Arms – Chairlift
- ▶ Crazy – Au Revoir Simone

CAPÍTULO 2: *MY MOON, MY MAN*
FULL MOON MADNESS (LOCURA DE LUNA LLENA)

Este *playlist* tiene canciones ideales para las noches de Luna llena. Acompaña el capítulo sobre nuestra Luna natal, que tanto influye no sólo en la elección de pareja, sino en cómo damos y recibimos amor. Escúchalo mientras lees el capítulo.

- ▶ My Moon, My Man – Feist
- ▶ The Moon – Cat Power
- ▶ Middle Cyclone – Neko Case
- ▶ Pink Moon – Nick Drake
- ▶ Feel It All Around – Washed Out
- ▶ These Days – Nico
- ▶ Myth – Beach House
- ▶ Let Me Get There – Hope Sandoval and the Warm Inventions
- ▶ To Lose Someone – Taken by Trees
- ▶ Pale Blue Eyes – The Velvet Underground
- ▶ Change of Heart – El Perro Del Mar
- ▶ The Limit to Your Love – Feist
- ▶ Displaced – Azure Ray
- ▶ The Wilhelm Scream – James Blake
- ▶ Wings – HAERTS

CAPÍTULO 4: LAS REGLAS DE LA ATRACCIÓN
ABSOLUTE CERTAINTY (CERTEZA ABSOLUTA)

Este *playlist* tiene canciones cuyas letras encienden tu poder personal y confianza. Es como para escucharlo antes de una gran reunión de trabajo o antes de hacer una movida audaz.

▶ Stronger – Kanye West

▶ Send It Up – Kanye West

▶ POWER – Kanye West

▶ Hell of a Life – Kanye West

▶ Can't Tell Me Nothing – Kanye West

▶ Touch the Sky – Kanye West

▶ Radioactive – Imagine Dragons

▶ Roar – Katy Perry

▶ American Woman – Lenny Kravitz

▶ Are You Gonna Go My Way – Lenny Kravitz

▶ Barracuda – Heart

▶ How You Remind Me – Nickelback

▶ Can't Stop – Red Hot Chili Peppers

▶ So What'cha Want – Beastie Boys

▶ Hate Me Now – Nas ft. Puff Daddy

CAPÍTULO 5: LA METÁFORA DE LA PIZZA
LA DOULEUR EXQUISE (EL DOLOR EXQUISITO)

Nunca estamos exentos de desear algo que no puede ser nuestro. Y aceptémoslo: disfrutamos un poco el dolor y la intensidad que acompaña ese sentimiento. Es un placer morboso que nos lleva a entender qué deseamos y a aceptar nuestra sombra, a darle reconocimiento, a integrarla y a volver al equilibrio. Cuando del dolor del amor que duele rico se trata, esta es la mejor música para acompañarte.

- ▶ Paper Bag – Fiona Apple
- ▶ Shadowboxer – Fiona Apple
- ▶ Fast as You Can – Fiona Apple
- ▶ Be Be Your Love – Rachael Yamagata
- ▶ Elephants – Rachael Yamagata
- ▶ Two Weeks – Grizzly Bear
- ▶ I Want You – Prinzhorn Dance School
- ▶ Love Me Two Times – The Doors
- ▶ Intro – The XX
- ▶ The First Cut Is the Deepest – Sheryl Crow
- ▶ Honest – Kelly De Martino
- ▶ Nightcall – Kavinsky
- ▶ Night – Zola Jesus

▶ Dime cuándo comenzó el dolor – Ely Guerra

▶ Hands Away – Interpol

CAPÍTULO 7: NUESTRAS CREACIONES
OUR CREATIONS (NUESTRAS CREACIONES)

Todo lo que tienes es porque tú te lo provees. Lo que aún no tienes es porque tú lo limitas, porque no crees que sea posible. Todo cambia cuando haces ajustes mentales y de consciencia, cuando cambias cómo piensas. En este *playlist* hay varias canciones que hablan del tema.

▶ Brains – Lower Dens

▶ Our Inventions – Lali Puna

▶ Oblivion – Grimes

▶ Let It Happen – Tame Impala

▶ Stillness Is The Move – Dirty Projectors

▶ You And Me In Time – Broadcast

▶ Percolator – Stereolab

▶ Solaar Pleure – Mc Solaar

▶ Miss Modular – Stereolab

▶ Moby Octopad – Yo la tengo

▶ Saturday – Electrelane

▶ Clouds over the Pacific – James Pants

CAPÍTULO 8: LA VIDA TE DA SORPRESAS
THE BREAKING POINT (EL PUNTO DE QUIEBRE)

Todos pasamos por esto, por un punto de no retorno en el que entendemos nuestra responsabilidad en un patrón (o en una situación que se presenta) y lo hacemos consciente. Esto es como un despecho con uno mismo del que toca pararse y comenzar desde cero. Estas son las canciones que acompañaron mi propio punto de quiebre.

- ▶ Soul to Squeeze – Red Hot Chili Peppers
- ▶ Pink Rabbits – The National
- ▶ More than This – Electrelane
- ▶ Lucky Clover – CocoRosie
- ▶ Wish You Were Here – Lia Ices
- ▶ When It's Time – Lotte Kestner
- ▶ Harvest Moon – Neil Young
- ▶ A Case of You – James Blake
- ▶ Please, Please, Please Let Me Get What I Want – The Smiths
- ▶ Re: Stacks – Bon Iver
- ▶ True Love Will Find You in the End – Headless Heroes
- ▶ Love Is Won – Lia Ices
- ▶ Ah, Ah, Ah – The Coral Seas

▶ Song for Zula – Phosphorescent

▶ Wash – Bon Iver

CAPÍTULO 9: ¿SOMOS *COUGARS*?
I ADORE YOU (TE ADORO)

Si alguna vez sales con un chico o una chica menor, como que toca poner-se al día con la música que escuchan los "chiqui-millenials" (*babes*). Pero como yo soy como soy, preferí diseñar una lista que me pusiera en el *mood* de mis veinitantos y, bueno, pasarla muy pero muy bien.

▶ This Is the Last Time – The National

▶ Adore You – Miley Cyrus

▶ Downtown – Majical Cloudz

▶ Next to You – Bumblebeez ft. Maria

▶ Good for You – Selena Gomez ft. A$AP Rocky

▶ Hands to Myself – Selena Gomez

▶ Everyday – Ariana Grande ft. Future

▶ Youth – Foxes

▶ Let Me Know – Yeah Yeah Yeahs

▶ TOO GOOD – Troye Sivan

▶ Despacito – Remix – Luis Fonsi, Daddy Yankee ft. Justin Bieber

▶ Sweet Beginnings – Bebe Rexha

▶ I'm into You – Chet Faker

▶ Turn Me On – Norah Jones

▶ Wild is the Wind – Cat Power

CAPÍTULO 10: LO QUE *PUEDES* SER VERSUS LO QUE *QUIERES* SER
NEVER EVER TOO LATE (NUNCA NUNCA ES DEMASIADO TARDE)

Este *playlist* es el de la mujer o el hombre empoderad@ cuando descubre que no sólo puede empezar desde cero cuando quiera, sino hacerlo de forma regia.

▶ Crown on the Ground – Sleigh Bells

▶ TKO – Le Tigre

▶ Run Baby Run – Garbage

▶ I'm so Excited – Le Tigre

▶ Cannonball – The Breeders

▶ Combat Baby – Metric

▶ Malibu – Hole

▶ Be a Body – Grimes

▶ Girls Just Wanna Have Fun – Chromatics

▶ Kill for Love – Chromatics

▶ Alala – CSS

- ▶ New in Town – Little Boots

- ▶ Bulletproof – La Roux

- ▶ Good Mistake – Mr Little Jeans

- ▶ Bassically – Tei Shi

CAPÍTULO 11: PUNTO DE CAMBIO
IT WAS THE BEST OF TIMES,
IT WAS THE WORST OF TIMES
(ERA EL MAJOR DE LOS TIEMPOS, ERA EL PEOR DE LOS TIEMPOS)

Este *playlist* es para esos momentos en que, asumiendo responsabilidad, entendemos que no podemos ir atrás y hacer las cosas de manera diferente, pero que sí podemos usar las lecciones y aplicarlas a una nueva relación o situación.

- ▶ So Sorry – Feist

- ▶ I Wish You Love – Rachael Yamagata

- ▶ I Take on Your Days – Corrina Repp

- ▶ I'll Be Seeing You – Corrina Repp

- ▶ Criminal – Fiona Apple

- ▶ Never Is a Promise – Fiona Apple

- ▶ Love Ridden – Fiona Apple

- ▶ Caught a Little Sneeze – Tori Amos

- ▶ Don't Let Me Down – Joy Williams

▶ Pink Rabbits – The National

▶ All – Corrina Repp

▶ Warning Sign – Coldplay

▶ The Last Time – Kelly De Martino

▶ A Dedication – Washed Out

▶ The Greater Times – Electrelane

CAPÍTULO 20: *THIS IS IT*
A CORAZÓN ABIERTO

Por varios meses estuve viajando con Ben a diferentes ciudades. El juego era cachar con *Shazzam* la canción de un momento en que estuviéramos de lo más más felices, después escoger las que más nos gustaran y hacer un *playlist*. Este es uno de varios que hemos hecho juntos.

▶ Everything You Want – Vertical Horizon

▶ While You Wait for the Others – Grizzly Bear

▶ No esperes más – Alex Cuba ft. Anya Marina

▶ Love Love Love – Of Monsters and Men

▶ Malibu – Miley Cyrus

▶ This Town – Niall Horan

▶ Yellow – Coldplay

▶ One Call Away – Charlie Puth

▶ Something Just Like This – The Chainsmokers, Coldplay

▶ True Love – Coldplay

▶ Gravity – John Mayer

▶ Birds – Coldplay

BONUS TRACK A: GUÍA PARA *BREAKUPS*
SUNSET DRINKING PINK RABBITS
(BEBIENDO CONEJOS ROSADOS AL ATARDECER)

"Pink Rabbits"*, de la banda The National, es la canción de despecho más hermosa que he oído en mi vida. Como la escuché hasta que el cantante quedó afónico cuando terminé con Escorpio, usé esa frase para nombrar este *playlist*, que es como para sentarse frente a la playa con la puesta de sol y hablar con alguien de todo lo que quieres soltar.

Este listado lo hice no hace mucho, ya bien terminada con Escorpio y muy bien con Ben. Estaba en Los Ángeles y Escorpio estaba volviendo a aparecer. Por un momento se me revolvió todo, pero no porque quisiera volver con él, sino porque lo que me estaba diciendo era lo que yo había querido oír durante meses, pero ya era demasiado tarde. Me daba tristeza que no hubiera en mi cuerpo fuerza ni para considerar retomar un amor que fue muy bonito. Ahí me di cuenta de que esa relación se había terminado totalmente dentro de mí y me sentí como sin casa. Así que le dije adiós una vez más a Escorpio, después de pasar meses diciéndole adiós todos

---

* Para entender lo que quiere decir la letra pasé semanas estudiando cada canción del disco *Trouble Will Find Me*, el disco al que pertenece, porque se trata de una ruptura explicada paso a paso (la primera canción es la molestia; la segunda, la discusión; la tercera, la ruptura…). En "Pink Rabbits" el cantante se pregunta si ella pensará en él mientras toma "Pink Rabbits" en su sillón. Una vez, en Los Ángeles, descubrí que así es como se le dice a una copa de vino rosé (mi favorito), y que la canción se trata realmente del rosado en la puesta de sol en esa ciudad, de la que se habla mucho en ese disco de ruptura.

los días en mis meditaciones. Después de darme cuenta de eso, después de sentirme rara, me sentí libre. Y brindé. *Pink Rabbits forever.*

▶ Pink Rabbits – The National

▶ This Is the Last Time – The National

▶ Graceless – The National

▶ One – U2

▶ All I Want Is You – U2

▶ Soul to Squeeze – Red Hot Chili Peppers

▶ Interstate Love Song – Stone Temple Pilots

▶ Present Tense – Radiohead

▶ While You Wait for the Others – Grizzly Bear

▶ iieee – Tori Amos

▶ September Song – Agnes Obel

▶ Don't Swallow the Cap – The National

▶ Runaway – The National

▶ Fake Empire – The National

▶ Conversation 16 – The National

NOTA FINAL

Este libro no habría sido posible sin la oportunidad que me dio Editorial Planeta para ser tan transparente y auténtica como se puede, y por eso sé que si esto sale bien, mientras sigo trabajando en mí y mis protagonistas continúan creciendo en sus relaciones, como sé que lo harán, quizá venga una segunda parte donde hablaremos de muchos otros temas que no cupieron aquí. Por eso, gracias.